図解でわかる 家族信託を使った 相続対策 超入門

[監修] 司法書士法人チェスター／チェスター司法書士事務所大阪
[共同監修] 円満相続を応援する士業の会
[著] 株式会社エッサム

あさ出版

はじめに

◇家族信託で家族の幸せを守る

人生100年時代が叫ばれるようになりました。

実際、男女あわせた平均寿命ランキングは日本が世界のトップとされていて、さらに今後も伸びていくと予想されています。


人生を長く楽しめるのは喜ばしいことです。しかし一方で、寿命が延びると別の問題も発生してきます。

ひとつが健康問題。

もうひとつがお金の問題です。

家族信託は、このお金の問題を解決できる手段として、非常に有効なものです。人生１００年時代と言われる長寿社会を生きるための強い味方になりえるものとなっています。

家族信託は、２００７年9月30日に施行された改正信託法により創設された財産管理のしくみです。まだ比較的、新しい制度と言えるでしょう。

そのためか、その内容についてよく知っている人は少ないようです。

家族信託を簡潔に表現すると、「家族間で行う信託」になります。家族による家族のための財産管理制度と言えるでしょう。生前の本人の幸せな生活のため、本人の死後の家族円満のため、財産を管理する便利な手法です。

◇家族信託は柔軟な制度になっている

家族信託のメリットとしてまず挙げられるのが、認知症などで判断能力が低下した後の財産管理です。

判断能力が低下すると、不動産の売却など契約ごとができなくなったり、預貯金が引き出せなくなったりします。日常生活が円滑に営めなくなるばかりか、「自宅を売却して施設の入居費用にあてる」といったこともできなくなります。不動産の売却などは子が親に代わって行うことができませんから大問題です。

このようなとき、家族信託を利用していれば、信託の受託者（財産を託される人）が財産を管理・処分できるわけです。

家族信託は、相続対策にも活用できます。

たとえば家族信託には遺言機能もあるため、死後の財産管理・処分についても契約の中で定めることができます。遺言書よりも優れている点として、「二次相続」にも言及することによって、法的効力を持たせることができます。たとえば「自分の死後は自宅と預貯金を妻に、妻の死後は前妻の息子に」などと取り決めることができ、これは遺言書にはない機能です。法定相続人に縛られすぎず、本人の思いを実現できる制度と言えるでしょう。

その他、家族信託の便利な点はさまざまありますが、最大の特徴はその「柔軟性」にあります。

「自分の財産をどうやって管理・処分するか」について考えることは、自分と家族の幸せを考えることでもあります。

本書では、家族信託の基本的なしくみやメリットはもちろん、事例でみる信託設計、また相続税のあらましも紹介しています。

本書がご自身の今後の人生、またご家族の幸せな生活について考えるきっかけになれば幸いです。ご多幸をお祈りしております。

超高齢化社会の問題点

医療技術等の進歩により、平均寿命が伸びて長寿化している反面、認知症などによる判断能力の低下リスクがある。判断能力が低下すると所有する財産の処分や活用を行えなくなるため、介護費用の捻出に困ったり、十分な相続対策が行えなくなる可能性がある。

認知症・病気リスク

↓

判断能力の低下

口座が凍結!?

原則として預貯金口座は本人しかお金を引き出せず、家族が代行することがむずかしい

契約ごとが不可能に!?

不動産の売却や修繕などが困難になる

最後の意思を遺せない!?

判断能力が低下した後で作成した遺言書は無効と判断される可能性がある

介護費用や生活費の捻出ができない

せっかくの財産を活かすことができず、介護費用や生活費の捻出に困る可能性がある

相続対策ができない

十分な相続対策ができず、意にそぐわない財産承継になる可能性がある

これまでの財産承継の主な方法

生前贈与

贈与の仕方によっては相続対策になることもあるが、不動産や自社株など高額な財産については贈与税の負担等でむずかしい面もあり、また判断能力が低下すると贈与ができなくなる

遺言

遺言書で自分の意思を遺すことはできるが、自分の相続についてのみで、二次相続以降の財産の承継先までは指定できない

生命保険

被保険者が死亡したら受取人に生命保険金が支払われるので、実質的に特定の人に財産を承継させることができるが、生命保険だけでは相続対策としては不十分

これまでの認知症対策

成年後見制度

判断能力が不十分な人のために法律面や生活面で支援する制度。裁判所から選任された成年後見人が本人に代わって契約や財産管理を行うが、自由に不動産を売却できないなど、使い勝手が悪い面もある

これらのマイナス面を
カバーすることができるのが
家族信託！

家族信託って何だろう？

家族信託とは、家族間で信託契約を交わすもの。

信頼できる家族に財産を託せるので、判断能力が低下した後の財産の管理・処分を心配する必要がなくなる。

また、死後の財産の承継先についても契約の中で指定することができる。

家族信託とは

信頼できる家族に財産を託すしくみ。

「信託法」に基づいた契約を締結する

家族信託で信託できる財産例

土地や建物といった不動産

現金・預貯金

自社株を含む非上場株式

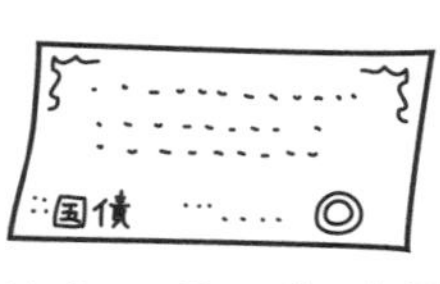

上場株式や国債などの有価証券

ペットなどの動産

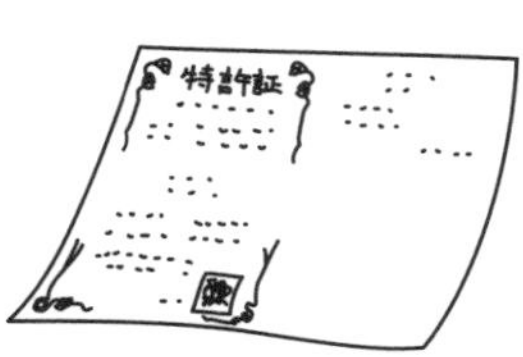

特許権・著作権などの知的財産権

委託者＝受益者の場合(例)

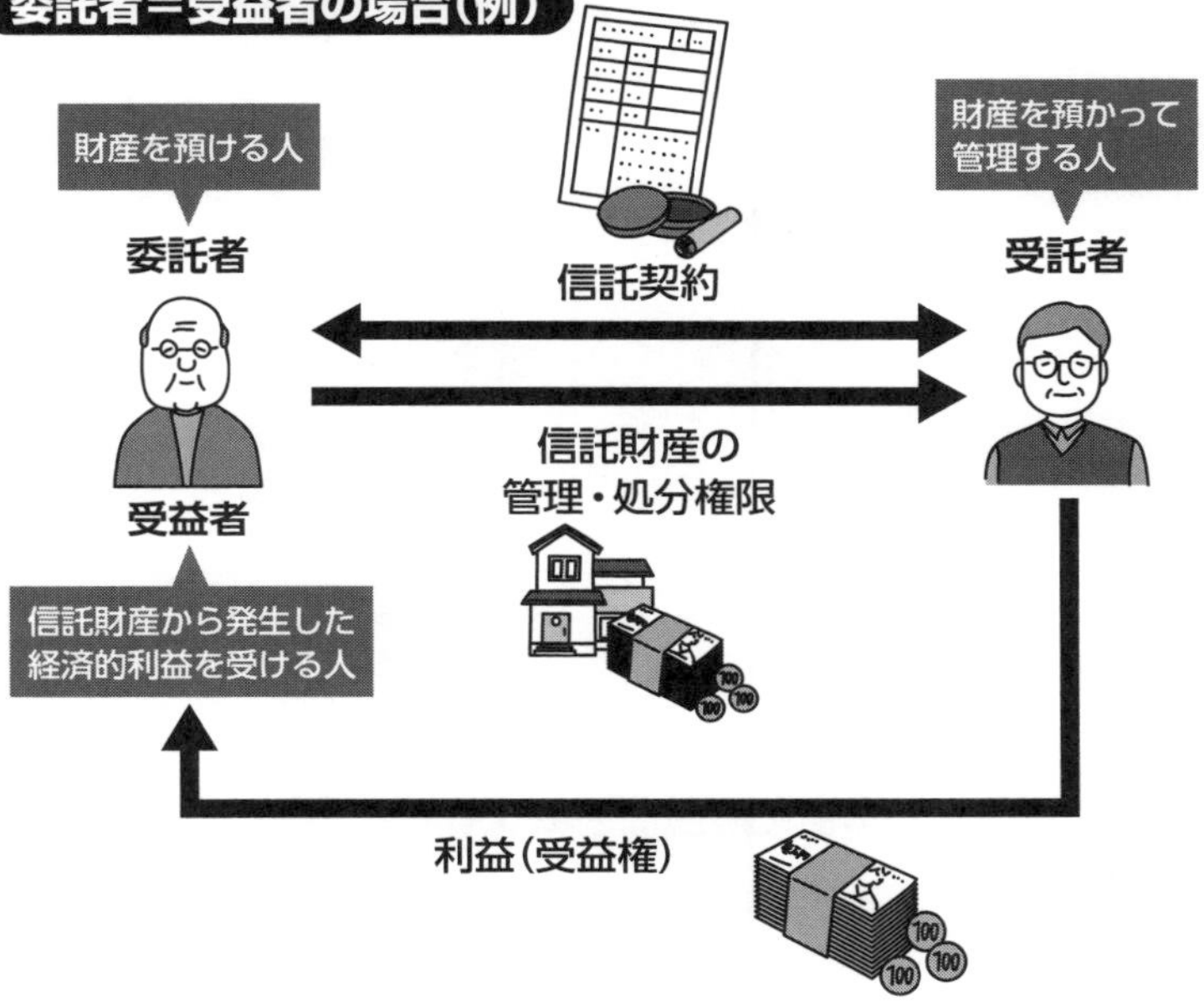

委託者≠受益者の場合(例)

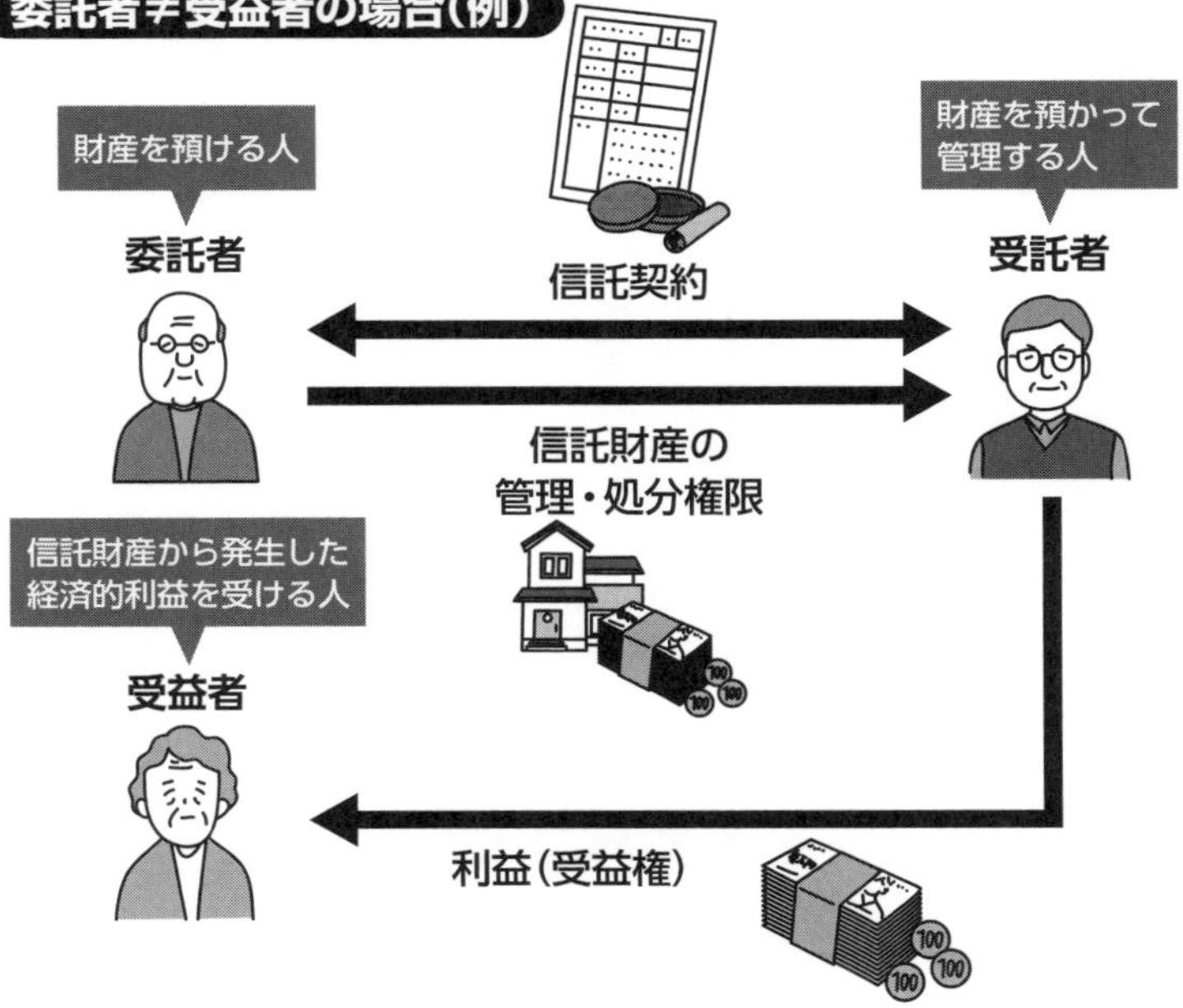

家族信託のメリット①

財産管理・処分を自由に行える

受託者には善良に、適切に信託財産を管理する義務等があるが、受益者のためである管理・処分であれば、基本的に自由に行うことができる。

認知症等で支援が必要な人には成年後見制度があるが、こちらは投資等ができず、また本人のための支払いしかできない不自由さがある。

家族信託

目的

財産の管理・運用・処分および資産の承継等

財産を管理する人

信託契約で定められた家族や親族など（受託者）

受託者が自由に財産を活用することができる

入居者を増やすために建て替えしよう！

（例）収益アパートの建て替えなど思いきった運用も受託者の判断でできる

実家を売却して老人ホームの入居費用にあてよう

（例）受託者のみの関与で不動産を売却できる

本人死亡時は信託内容に従って委託者の希望どおりに財産を承継できる

受託者の報酬は信託契約で自由に定めることができる。無料でもよい

信頼できる人と家族信託を結べるなら費用面、死亡後の面から見ても成年後見制度よりメリットが多い

成年後見制度

目的

本人の保護・支援

財産を管理する人

家庭裁判所が選任する人、弁護士や福祉の専門家などの場合も多い

財産はあくまで本人のために使い、現状維持が基本

アパートが古くなってきたけれど最低限の修繕しかできない

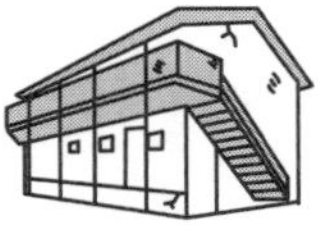

(例)投資的な運用ができない

自宅を売却して介護施設への入居費用にしよう

(例)本人のためなら資産の売却もできる

本人死亡時は相続人等が遺産相続や死後の手続き等を行う

成年後見人等への報酬が月額にして数万円かかる。その他別途の費用がかかることもある

家族信託のメリット②

数次相続に対応できる

遺言書を遺すことで、財産の承継について自分の意思を示すことができる。遺言書は法的効力があるので、要件を満たした遺言書であればその内容どおりに承継されていく。しかし遺言書が法的効力を持つのは自分の死亡時のみ。２次相続、３次相続の際までは指定できないため、将来の財産承継について希望がある人には不便だ。

遺言書が効力を及ぼす範囲

(例)子供のいないＡさん
自分の死後、妻が亡くなるまで自宅に暮らしてほしいが、妻の死後は弟に財産を引き継ぎたいと遺言書を作成していた

● Ａさんの死後

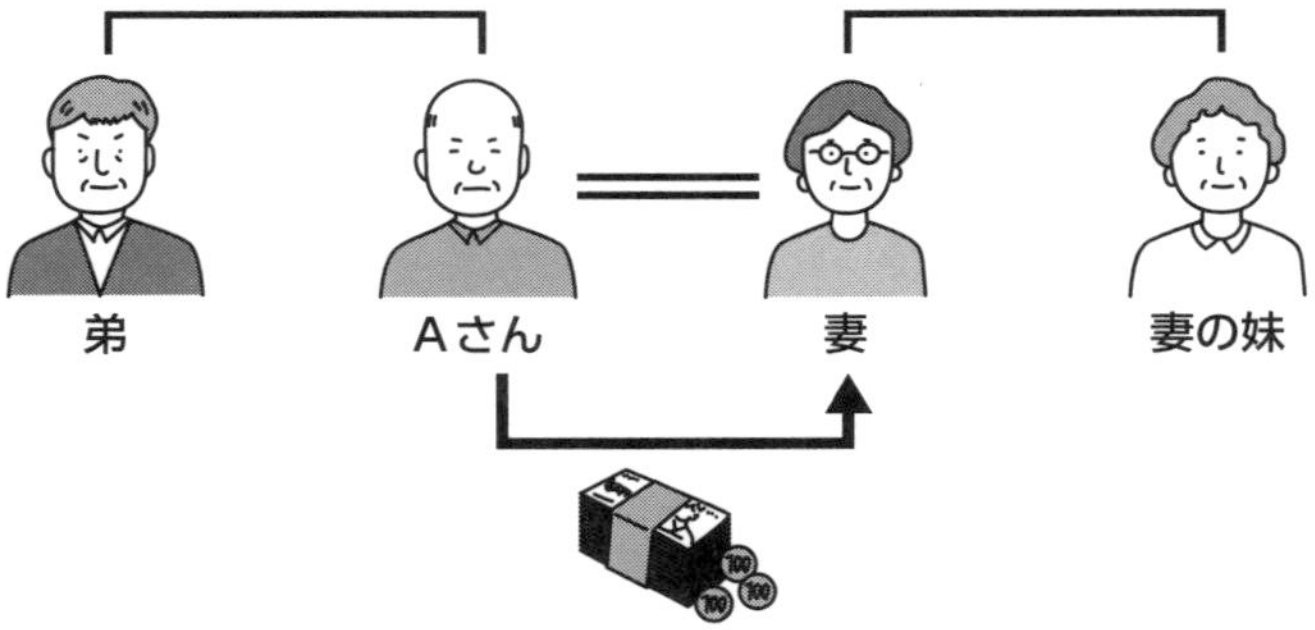

●妻の死後（Ａさんの遺言書が法的効力を持たない）

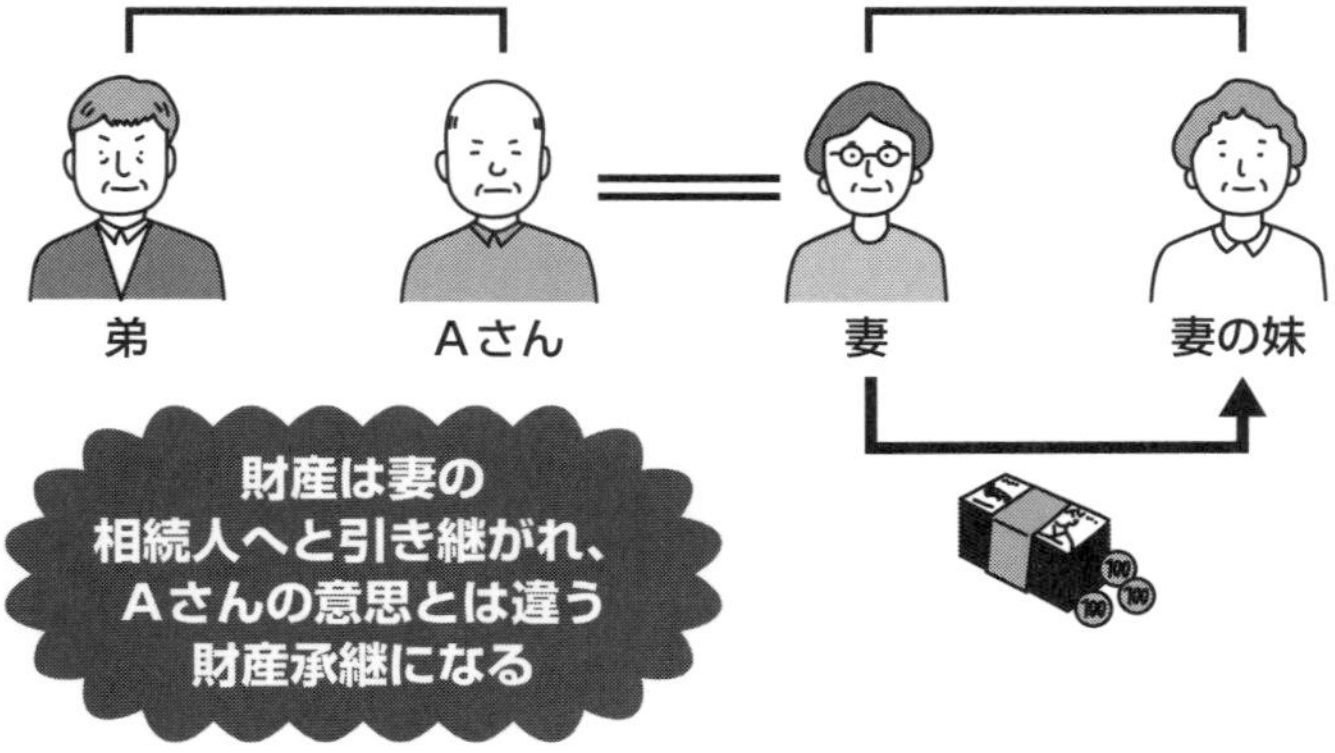

家族信託なら２次相続、３次相続まで指定できる

（例）子供のいないＡさん
自分の死後、妻が亡くなるまで自宅に暮らしてほしいが、妻の死後は弟に財産を引き継いでほしいので、弟の息子（甥）を受託者にした信託契約を結ぶ

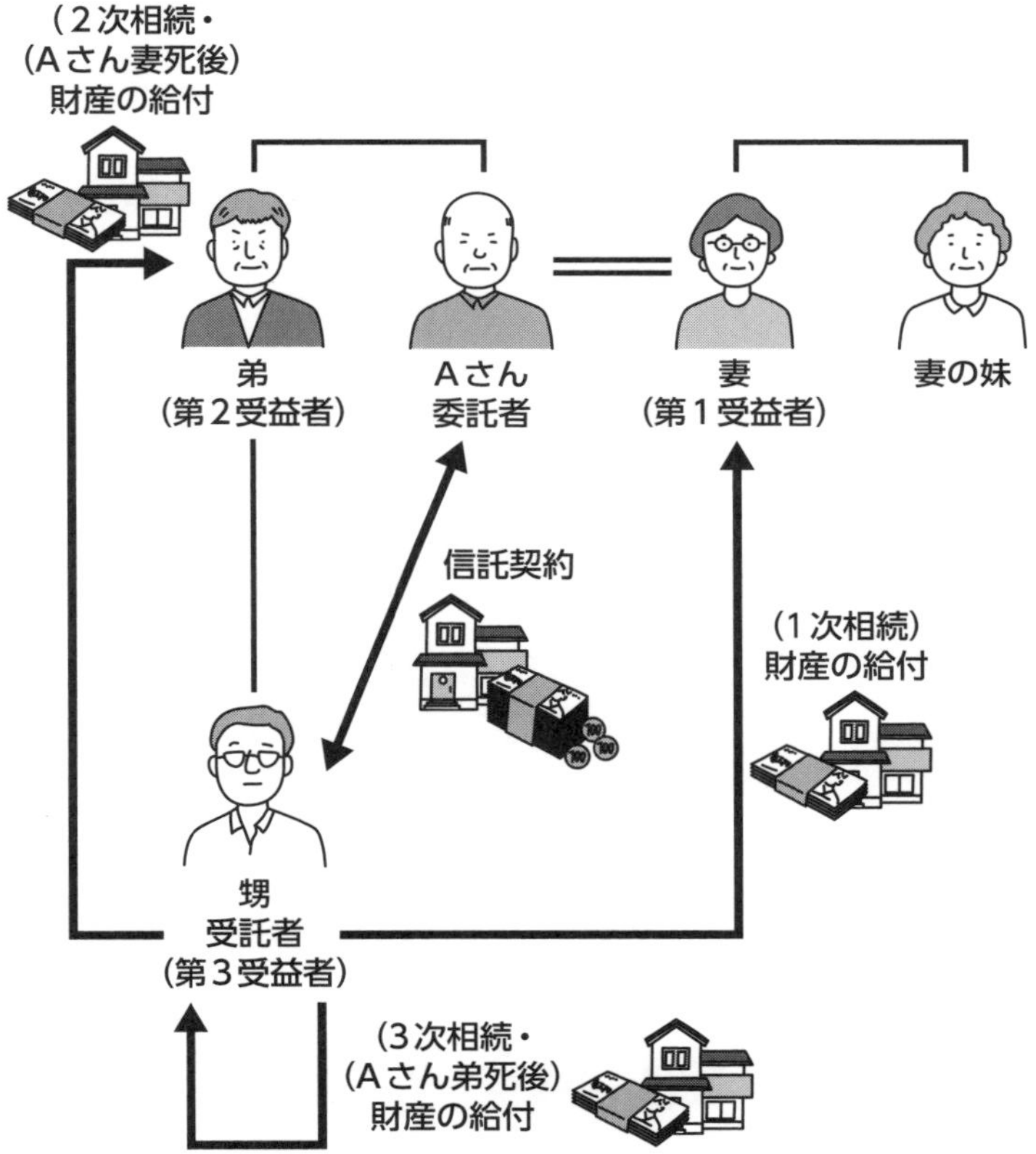

家族信託なら２次相続、３次相続…と将来の財産承継についても指定することができる

家族信託のメリット③

不動産の共有名義を避けられる

収益不動産を相続する場合、分割しづらいため、やむなく兄弟など相続人で共有財産とすることがあるが、トラブルが起きやすい。

家族信託なら、相続人のうち１人を受託者として管理・処分等を任せ、ほかの相続人はそこから利益を受けることができる。

●不動産を共同所有する場合

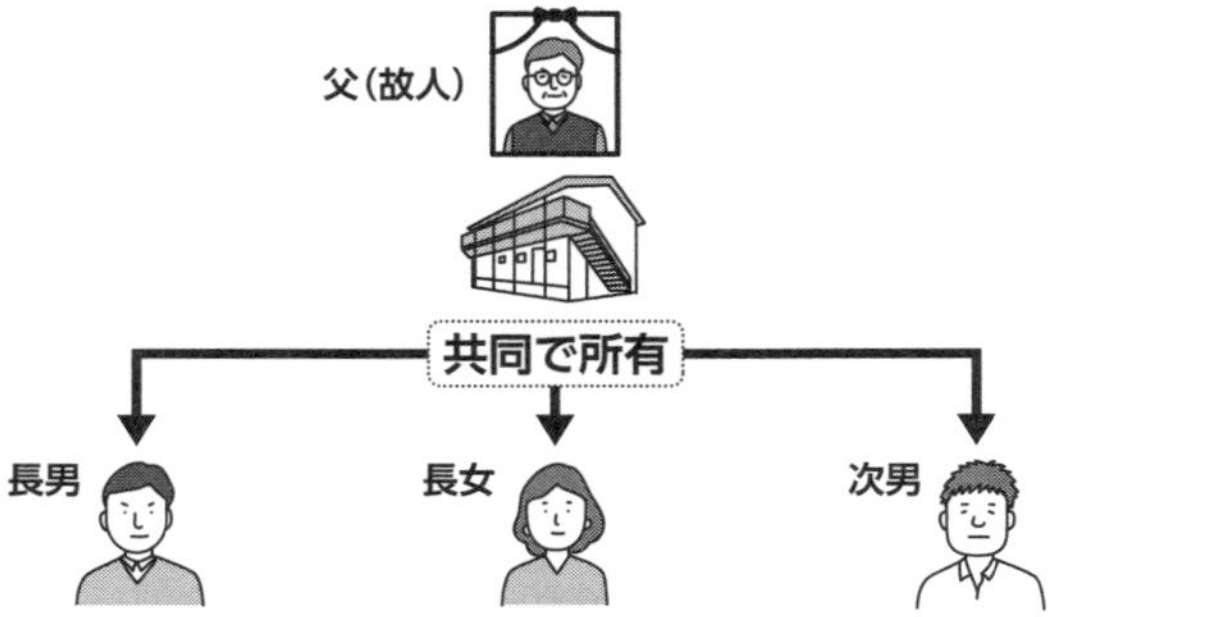

収益は3人で分けられるが、建て替えや売却などは全員の合意が必要

●家族信託で受託者が管理・処分を任された場合

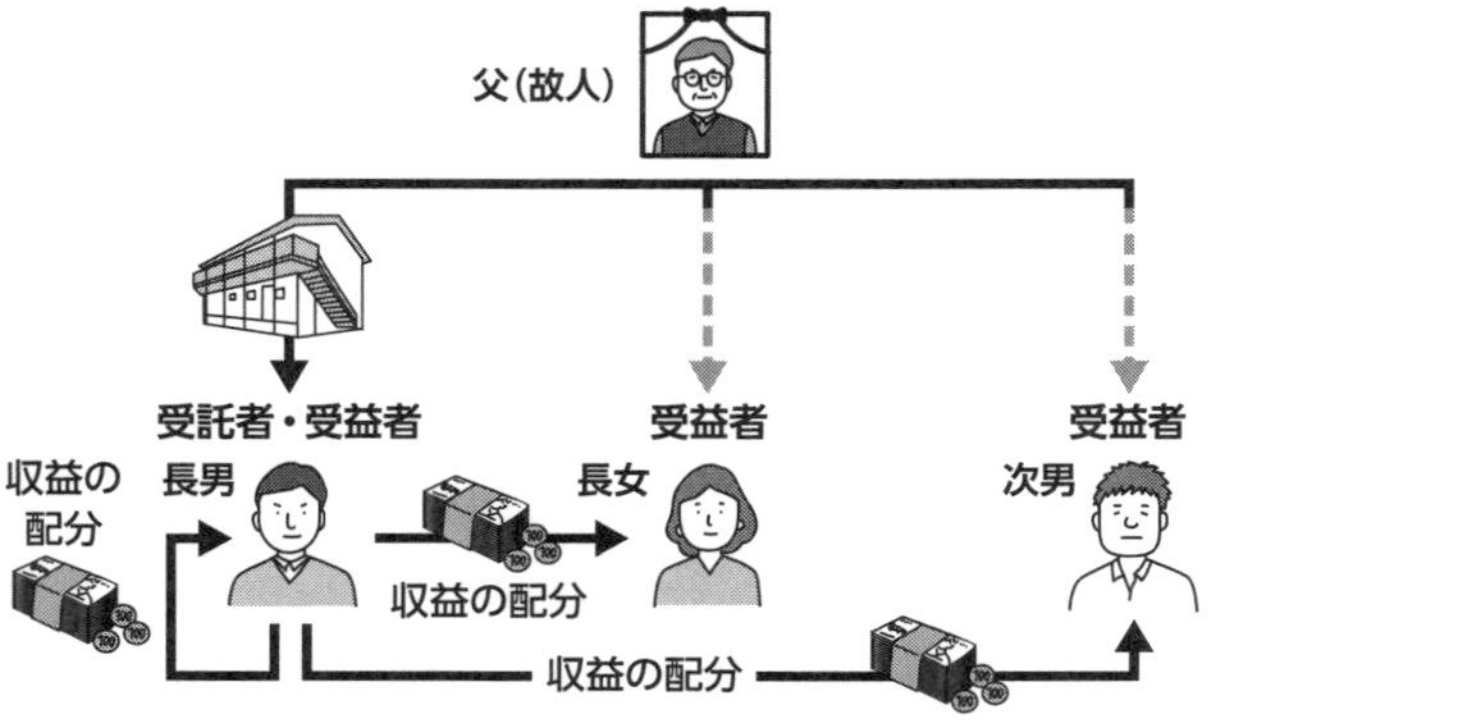

管理や処分は長男に託し、あらかじめ定めた分配に従って受益者に収益を配分

家族信託なら管理・運用・処分等が受託者１人の判断でできる

家族信託のメリット④

会社の後継者を育てながら承継できる

会社の承継は、経営の実務承継と自社株の承継の両面がある。

自社株を承継してしまうと、もとの経営者が議決権を失ううえ、後継者が適任ではない等のトラブルが起きる可能性がある。

その点、自社株を信託財産として管理を任せると、トラブル時に信託契約を終了でき、また信託契約の中でもとの経営者に指図権を設定しておくことで、経営への影響力を残すこともできる。

●後継者を育てながら承継したい場合

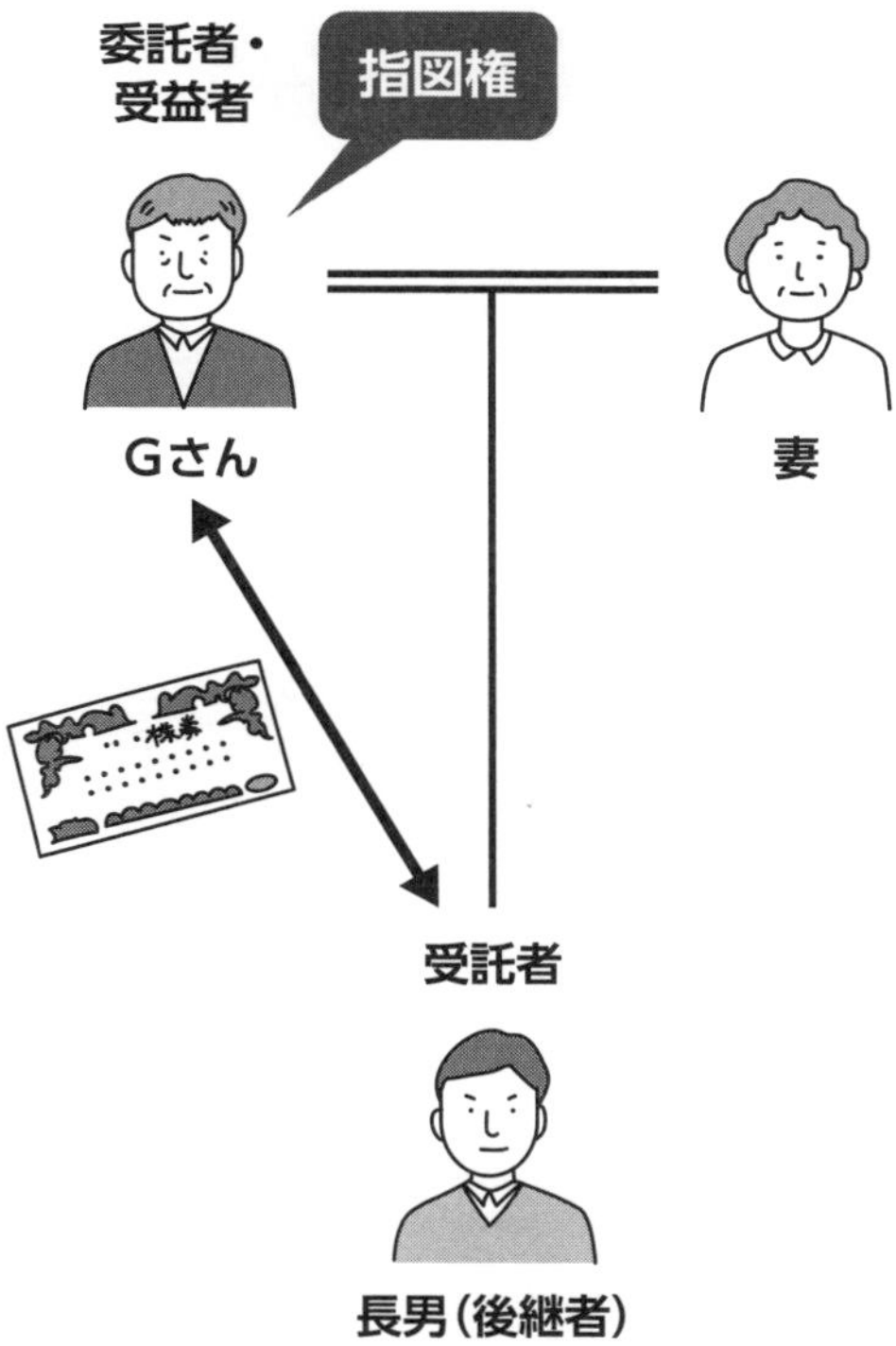

後継者の成長を見極めながら経営への関わりをコントロールできる

家族信託を開始するまでの流れ

家族信託は信頼できる家族に財産の管理を委託するものだが、長期にわたって効力が及ぶ契約なので、専門家に相談したうえで、自分が置かれた状況に最適なしくみを作ってもらうことが大切。

内容によって、弁護士、司法書士、税理士等にチームで対応してもらえる。

1 専門家に相談する

資産の状況、現在の管理状況、家族・親戚関係など、あらかじめ相談内容をまとめておき、的確に伝えられるように準備してから相談に行くとスムーズでしょう

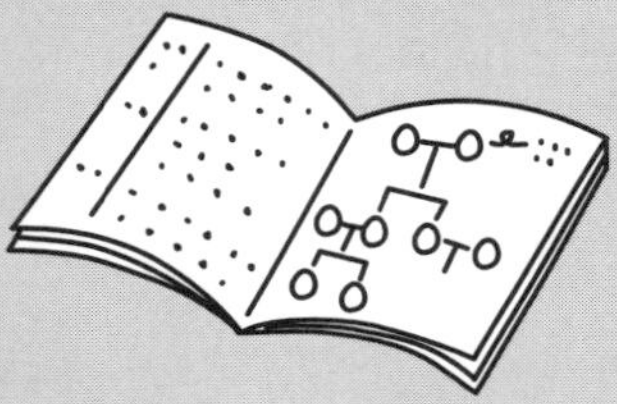

2 提案を受ける

専門家が自分に合う家族信託のしくみを提案してくれる。疑問点や気になる点があれば必ず質問する。手続きにかかる費用やスケジュールなども確認する

3 信託契約書案を確認する

同意した提案内容をもとに、専門家が信託契約書の案を作成してくれるので、内容が自分の希望に沿っているかどうかを確認する。修正点があれば伝える

実際に開始できるまで 1ヶ月〜半年は必要。時間にゆとりを持って行動しよう

4 公証役場で信託契約書を締結する

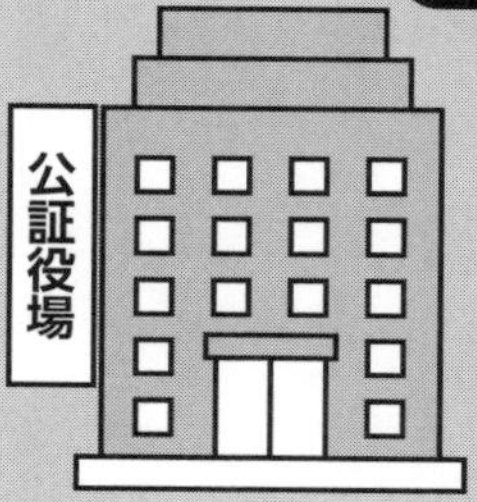

公証役場で信託契約書を公正証書にする手続きをする。書面に署名捺印する必要があるため、必要なものを専門家に確認して用意しておくこと

5 信託財産の手続きをする

信託財産が不動産の場合には信託登記手続き、預貯金の場合には信託口座の開設と入金などをして、受託者に信託財産として託す手続きをします

第1章 家族信託って何？ なぜ必要なの？

第2章 家族信託の決まりごとを理解しよう

第3章 家族信託のケースを見てみよう

第4章 家族信託を活用するための相続・贈与の基礎知識

第1章

家族信託って何？なぜ必要なの？

1 超高齢社会が生み出す相続問題

人生100年時代の到来

現在、日本の65歳以上人口が総人口に占める割合は28・1％、65～74歳人口が総人口に占める割合は13・9％となっています（令和元年版「高齢社会白書」）。総人口が減少を続ける中で65歳以上の増加傾向は続き、令和47（2065）年には、約2・6人に1人が65歳以上、約3・9人に1人が75歳以上という社会が到来すると推計されています。

また、日本人の平均寿命は今後も上昇すると推計されていて、まさに人生100年時代の到来を告げています。

この超高齢社会で問題となるのが高齢者の財産管理と相続問題です。

医療技術の進歩で平均寿命は延びる反面、認知症になる人も増えると予想されています。進行してしまうと日々の買い物も困難になりますし、そうでなくても判断能力が衰えると財産の

高齢化の現状（構成比）

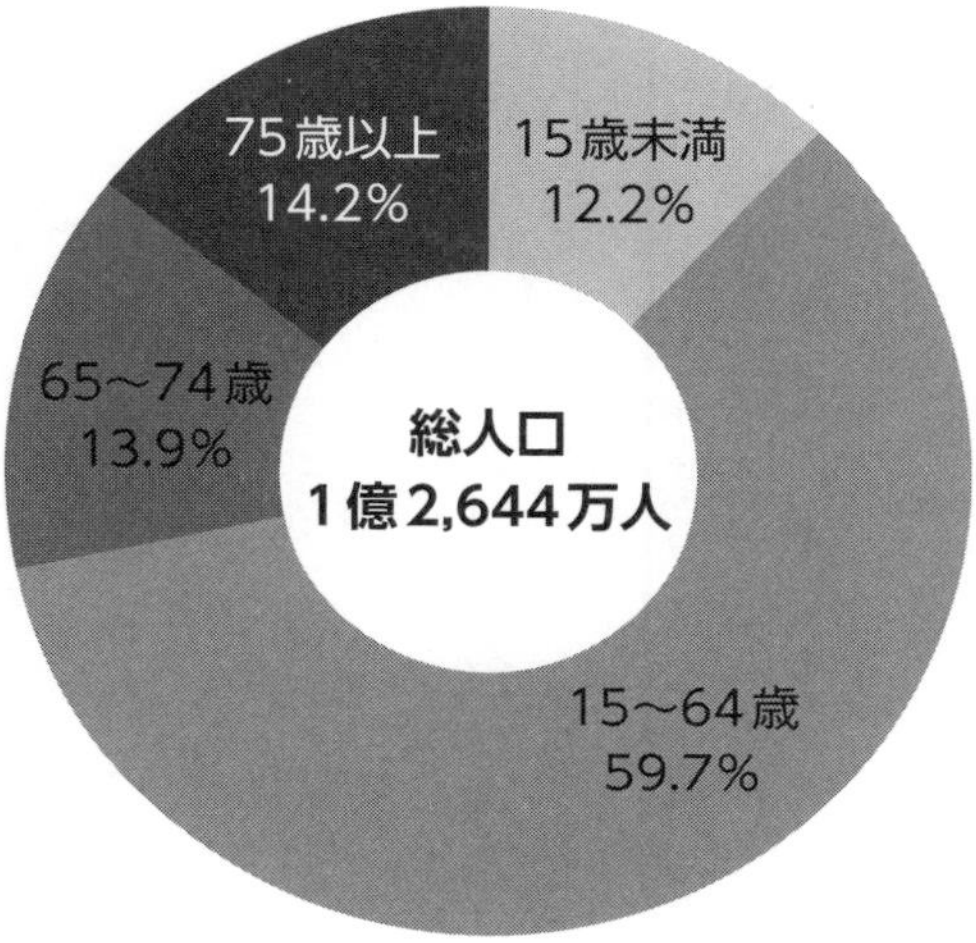

＊総務省「人口総計」平成30年10月1日（確定値）

平均寿命の推移と将来推計

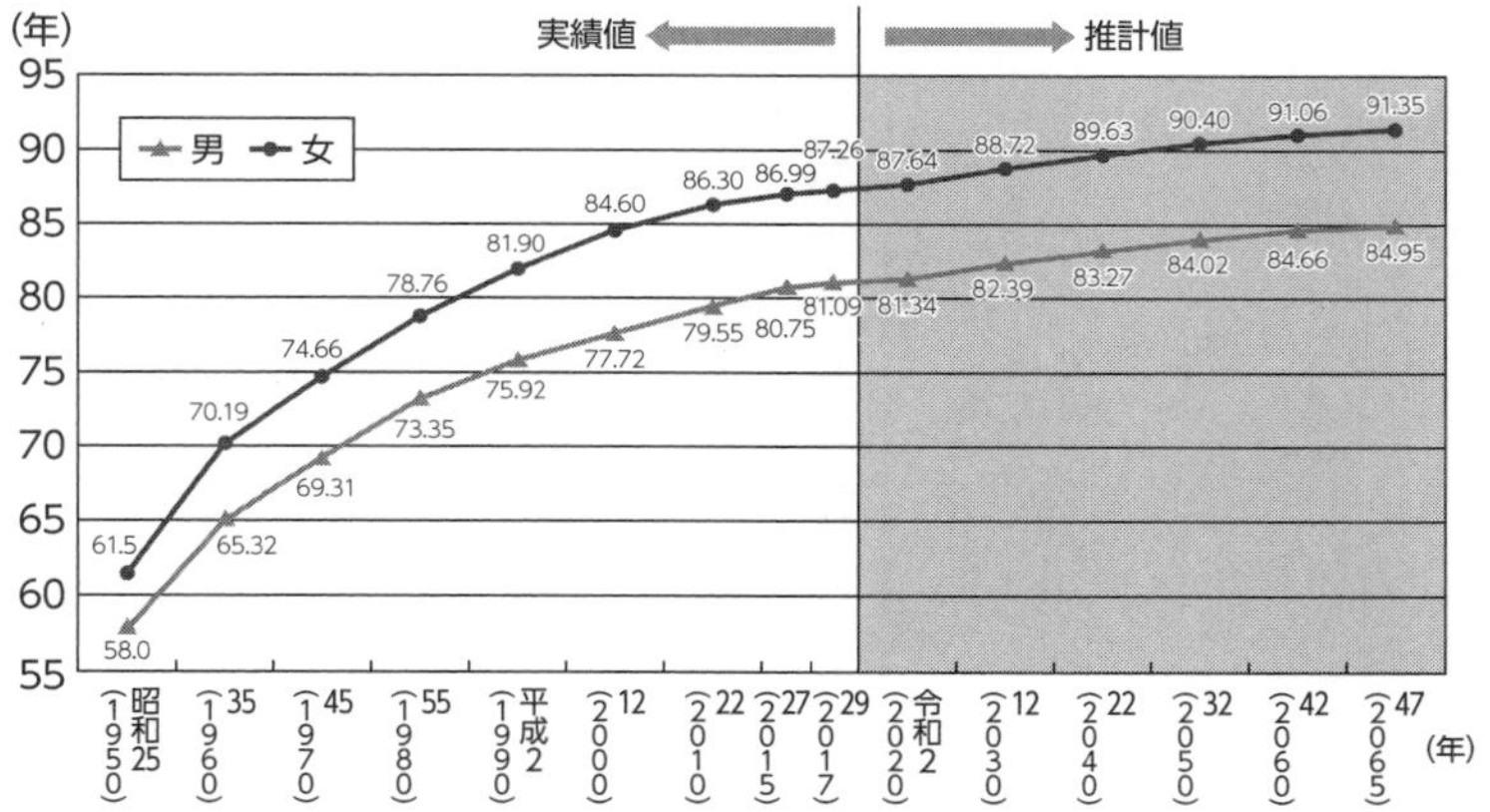

＊1950年は厚生労働省「簡易生命表」、1960年から2015年までは厚生労働省「完全生命表」、2017年は厚生労働省「簡易生命表」、2020年以降は国立社会保障・人口問題研究所「日本の将来推計人口（平成29年推計）」の出生中位・死亡中位仮定による推計結果

＊1970年以前は沖縄県を除く値である。0歳の平均余命が「平均寿命」である

管理や活用が難しくなります。

その結果、必要のない商品を大量に購入してしまう、悪徳な業者と不利な契約を結んでしまうなどの問題が出てくるわけです。もちろん、認知症などで一定の判断能力（意思能力という）を持たない人との契約は無効になる、認知症になると資産が凍結されて預貯金などを引き出せなくなるなどの決まりはありますが、一方で別の問題も出てきます。

たとえば、持ち家で一人暮らしをしていた高齢の親が認知症を患って施設に入居したため、「持ち家を売却したい」と考えるケースです。

子がすでに自宅を構えていたり、実家が老朽化していたりすると、空き家のままにするより売却を考えるのは当然ですが、**たとえ実子であっても親の自宅を売却することはできません。同時に、判断能力が衰えた親が家を売却することもできません。**

たとえ親が以前から「施設に入居することになったら家を売却してほしい」と話していたとしても、身動きが取りづらくなってしまうわけです。

親族間の争いを避けるために

超高齢社会では、財産管理も難しくなります。相続税対策がその一つです。

たとえば贈与税の基礎控除は年間110万円ですから、子供2人に毎年110万円ずつ、10年間贈与を続けると2200万円相続財産を減らすことができますので、生前贈与は相続税対策として非常によく使われています。しかし、平均寿命が延びると「今は財産があっても、これから先いくら必要か見積もれない」という心配で、生前贈与がしづらくなるわけです。

そうこうしているうちに思わぬ病気にかかったり、認知症を患ってしまうと、十分な相続対策がとれなくなってしまうでしょう。

それが原因で親族間の相続争いが発生してしまう可能性があるわけです。

最近は、ライフスタイルの多様化などで家族形態が変わってきています。たとえば離婚・再婚をした人の場合、異母・異父の兄弟姉妹がいたり、生涯独身の人がいたりして、対策をとらなければ遺族間の争いとなることもあります。

それ以外にも、健康を損ねた際の介護負担など、さまざまな原因で親族同士が争い、悲しい結末をもたらしかねません。

そこでできたのが「家族信託」という制度です。上手に利用すれば、超高齢社会を幸せに過ごし、死後も親族の幸せが継続する制度になっています。

2 家族信託の基本的なしくみ

委託者・受託者・受益者を決める

信託とは、その名前のとおり「信じて託すこと」です。信託にはいくつか種類がありますが、なかでも「家族を信じて託す」形態を「家族信託」と呼びます。

家族信託は、利用する人の状況に応じてアレンジしやすい制度ですが、基本的なしくみはシンプルです。

家族信託でもっともシンプルなのは、次の三者によるものです。

- **委託者**……財産を託す人
- **受託者**……財産を託される人
- **受益者**……財産から生まれた利益を受ける人

家族信託の基本的な形態

◉委託者＝受益者の場合

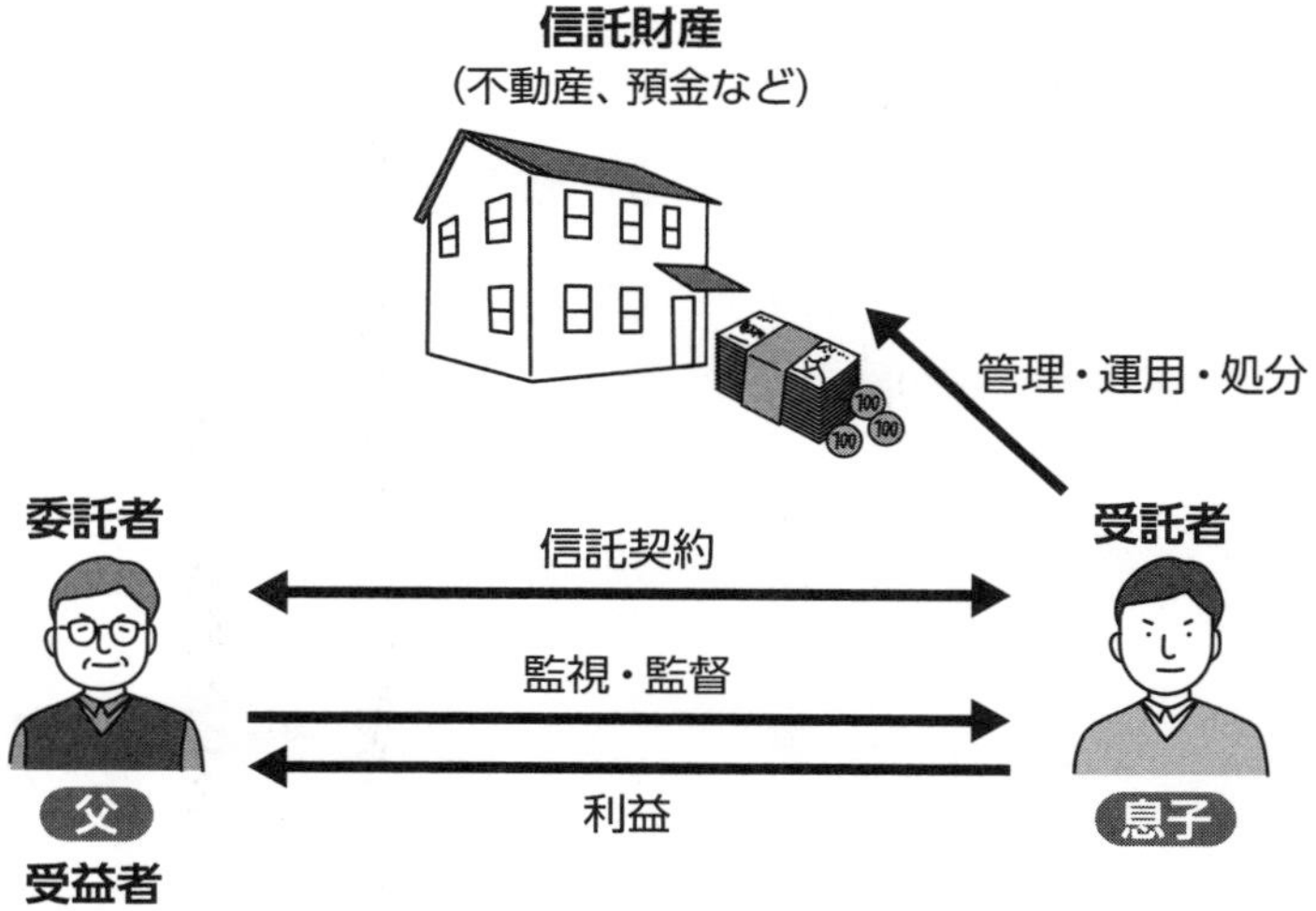

◉委託者≠受益者の場合

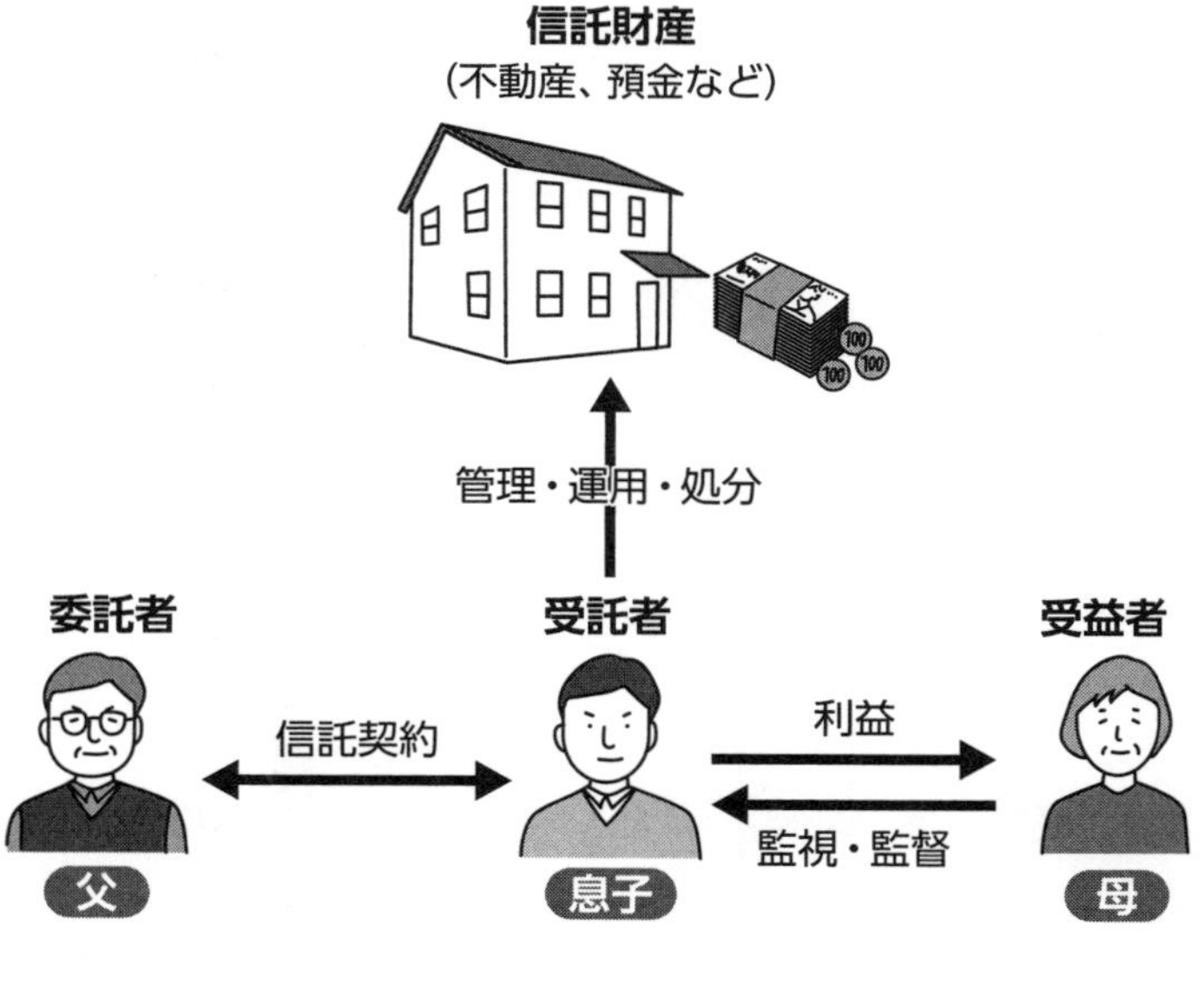

たとえば、「将来、認知症になったときのために、息子に財産を管理してほしい」という場合を考えてみましょう。「病気で入院したり、介護施設に入ることになったりしたら、自分の自宅を売却して得たお金や預貯金から使ってほしい」と息子に託すようなケースです。

この場合、**父親が「委託者」であり、息子が「受託者」になります。**財産の管理・運用・処分については息子が行いますが、その利益や恩恵は父親が得られます。そのため**父親は、「委託者」であると同時に、「受益者」でもある**わけです。

受益者が第三者になることもあります。たとえば「自分が認知症になったら、妻の生活費は自分の財産から使ってくれ」というようなケースです。

なお、委託者、受託者、受益者のほかに、「信託監督人」を置くこともあります。受益者が未成年者、判断能力が低下した高齢者などの場合、また第三者の監督を入れたい場合などに、信託監督人が受益者に代わって受託者を監督する役割を担います。信託監督人は、司法書士や弁護士などの専門家、また信頼できる親族に依頼するのが一般的です。

3

家族信託の機能①認知症対策(1)
判断能力低下後の財産管理

家族信託の場合、財産の実質的な所有権は本人にある

すでに紹介したとおり、認知症などで判断能力が低下すると、不動産の売却などの契約ができなくなったり、預貯金が引き出せなくなったりします。このような状況を防ぐため、**信頼できる親族に財産を託すことで、適切な管理・運用・処分を行えるようにするのが家族信託**です。

たとえば、父がアパート経営をしているケースを考えてみましょう。

認知症で判断能力が衰えると、契約はもちろんですが、修繕などの判断等、経営全般がむずかしくなります。「アパートが老朽化してきたから建て替えよう」「空室が増えてきたので外装の工事をしよう」「空室になった部屋に新しい設備を取り付けよう」など、アパート経営には何かと契約ごとが多いものです。

しかし判断能力が不十分と判断された場合、契約を結ぶことができなくなってしまいますの

で、事前に対策をしておきたいものです。

事前対策としては、**家族信託で自分が保有しているアパートの経営を子供に託す方法と、子供にアパートを生前贈与して子供が自分のアパートとして経営する方法**などがあります。

どちらも、経営の実務を担うのは子供であることは同じですが、一番の違いはアパートの実質的な所有権と、そこから生じる利益の受け取りです。

◇家族信託の場合

家族信託の場合、子供はあくまでアパート経営を任されているだけで、実質的な所有権は父にあります。受益者も父ですからアパート経営で得られる利益は父のものになります。そのため所得税や不動産の固定資産税などの納税も子供が代行しますが、支払いは父の財布からになるわけです。

◇生前贈与の場合

一方で、生前贈与の場合、アパートの実質的な所有権が父から子供へ移ります。生前贈与は贈与税の課税対象となり、アパートから得られる利益は子供のものになるので所得税や固定資産税なども子供が自分の財布から支払うことになります。

また、少し心配なのが両親の生活費です。父がアパート経営の収入から生活費を賄っていた

アパート経営をしている場合の家族信託

◉委託者＝受益者の場合

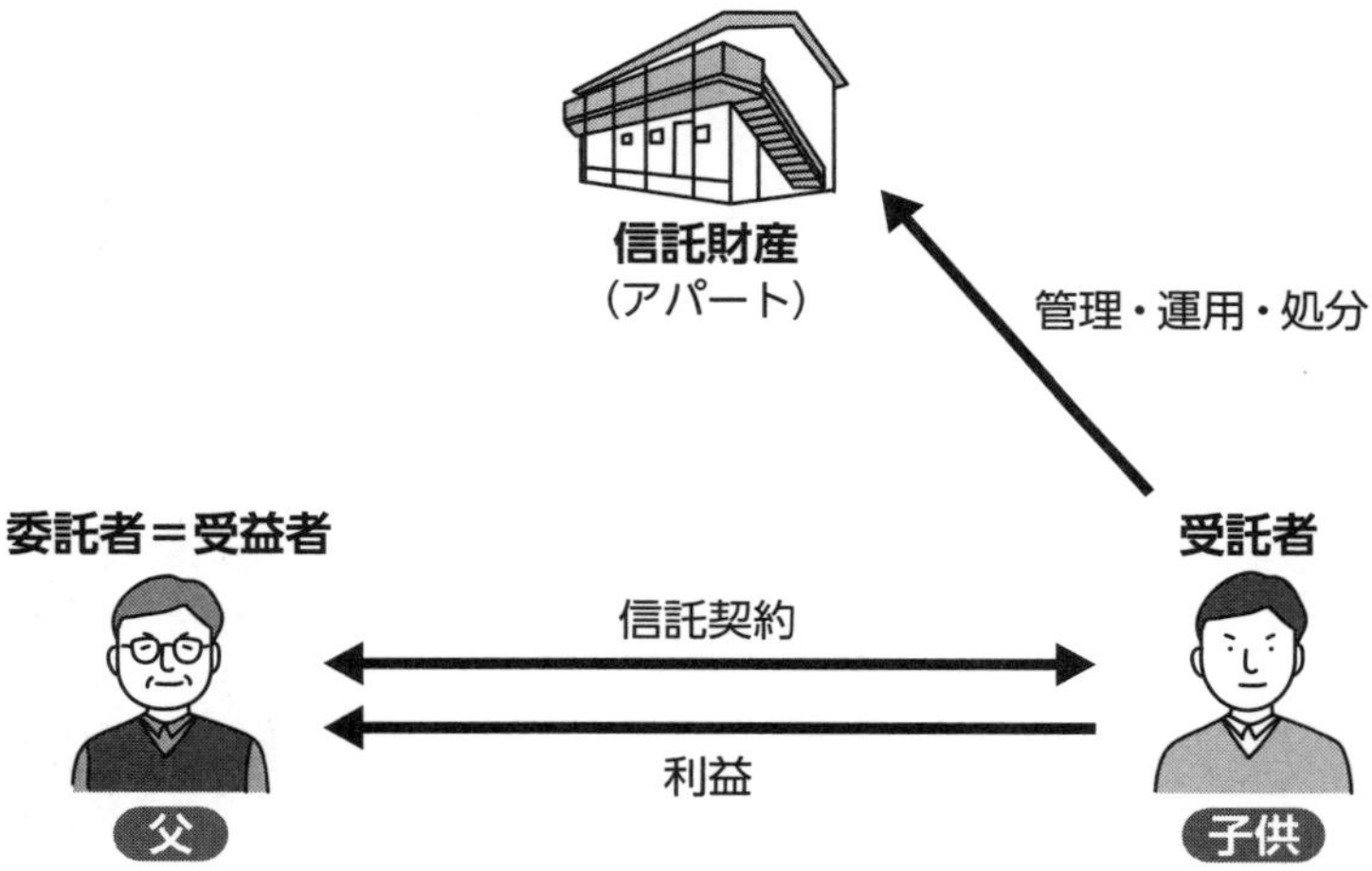

とすると、収入が減るというデメリットがあります。別で生活資金の目処が立っているならよいのですが、贈与税や不動産取得税などの各種税金も課税されますので、生前贈与は事前に十分な計画を立ててから行うようにしましょう。

なお、父の判断能力が不十分なケースでは成年後見制度（40ページ）を利用する方法も考えられますが、できれば事前に対策をして避けたほうがよいかもしれません。成年後見人は現状維持ができるもので、アパートの大規模修繕工事は投資要素があるとして認められない可能性があるからです。

4

家族信託の機能①認知症対策(2) 成年後見制度より大きな柔軟性

成年後見制度とは

判断能力が低下した場合の財産管理対策としては、2000年に施行された成年後見制度もあります。

成年後見制度とは、認知症や知的障がいなど判断能力が不十分な人のために、不動産や預貯金などの財産を管理したり、契約を結んだり、施設などの入居費を支払ったりすることを支援する制度です。成年後見人は本人の親族のほか、福祉の専門家や司法書士、弁護士などが、家庭裁判所で選任されることでなることができます。

成年後見制度には大きく「法定後見制度」と「任意後見制度」があります。

◇法定後見制度

家庭裁判所によって選ばれた成年後見人等が判断能力が落ちた人の利益を考えながら、本人の代理で契約などを行うことです。本人の判断能力の程度などによって「後見」「保佐」「補助」の3つがあり、それぞれ代理権の範囲が定められています。

◇任意後見制度

本人の判断能力があるうちに、あらかじめ自分が選んだ代理人（任意後見人）に財産管理の代理権を与える契約を公正証書で結んでおくものです。将来、判断能力が不十分な状態になった場合、家庭裁判所が選任する任意後見監督人のもとで、任意後見人が本人に代わって契約などを行います。

成年後見制度のデメリット

ここまででは家族信託との違いが見当たらないかもしれませんが、成年後見制度には利用しづらい面があります。主なものは次のとおりです。

◇財産の管理処分に時間と手間がかかる

たとえば自宅不動産を売却する際には、「入院や施設への入居費のために」などの理由を家庭裁判所に認められる必要があり、手続きに時間と手間がかかります。

また、預貯金が十分にある場合には売却を認められないケースもあります。

◇投資運用ができない

本人の自宅を売却して投資信託を購入するなど、投資運用は認められません。

◇家族などのために財産を使えない

成年後見制度は、本人を支援するための制度ですから、基本的には本人の家族のために財産を使うことはできません。本人の妻や子供、孫のためにお金を使えなくなるので、生活やレジャーなどにも支障をきたしてしまうかもしれません。

他にも、成年後見人となった人が自分のためにお金を使ってしまうなど、トラブルが起きることもあります。また、司法書士や弁護士が成年後見人になると、その費用も発生します。

これらの成年後見制度の利用しづらさが解消されるのが、「家族信託」と言えます。家族信託であれば、あらかじめ定めた信託の目的に従って、信託財産の受託者が本人の妻の入院費や孫の入学資金を出したり、自宅を売却したりすることができるからです。

5

家族信託の機能②遺言

将来にわたって効力を持つ「遺言」

遺言書の代わりになる

相続が発生した場合、原則として、相続人全員で行う遺産分割協議によって遺産の分配を決めます。この際に参考になるのが法定相続分です。

遺産分割協議は難航するケースもあり、親族の争いのもとになってしまうこともあります。ただし、被相続人（亡くなった人）の遺言書があれば、個人の最終意思として法的な効力を持たせることができます（遺言書の要件を満たす必要がある）。

実は、**家族信託にはこの遺言書のような機能があります。**信託契約で「遺産は誰に、どれだけ」と決めておくことで、遺言書と同等の効力を持つわけです。親族の争いごとを避け、自分の意思を伝えられるわけです。

遺言書では対応できない数次相続に対応できる

さらに、家族信託では、遺言書ではできない先々の相続まで指定することができます。

子供がいない夫婦の場合を考えてみましょう。夫には弟が、妻には妹がいます。主な財産は夫名義の自宅と預貯金です。

このような場合、**夫の法定相続分どおりに財産を分けると、妻が4分の3、弟が4分の1**になりますが、夫は自分の死後、妻にすべての財産を引き継いでほしいと思っています。そのため、その旨を遺言書に遺すことにしました。**原則として遺言書は個人の意思として効力を持ちます**から、夫が死亡した場合、妻にすべての財産を引き継がせることが可能です。

しかし、その後に妻が亡くなると、妻の妹が夫から相続した財産を含めて妻の財産をすべて相続することになってしまいます。夫は預貯金はともかく、自宅は先祖代々の土地ですから、妻の死後は自分の親族である弟に引き継いでほしいと考えています。

遺言書はこのようなケースに対応することができません。というのも、**遺言書は自分の死亡時の財産についてしか法的な効力を持たないからです。**

遺言書に「妻の死亡時には、妻が私から相続した財産は私の弟に相続させる」などと書くこと自体はできますが、それは本人の希望を伝えているだけで法的には無効です。

法定相続どおりの相続の場合

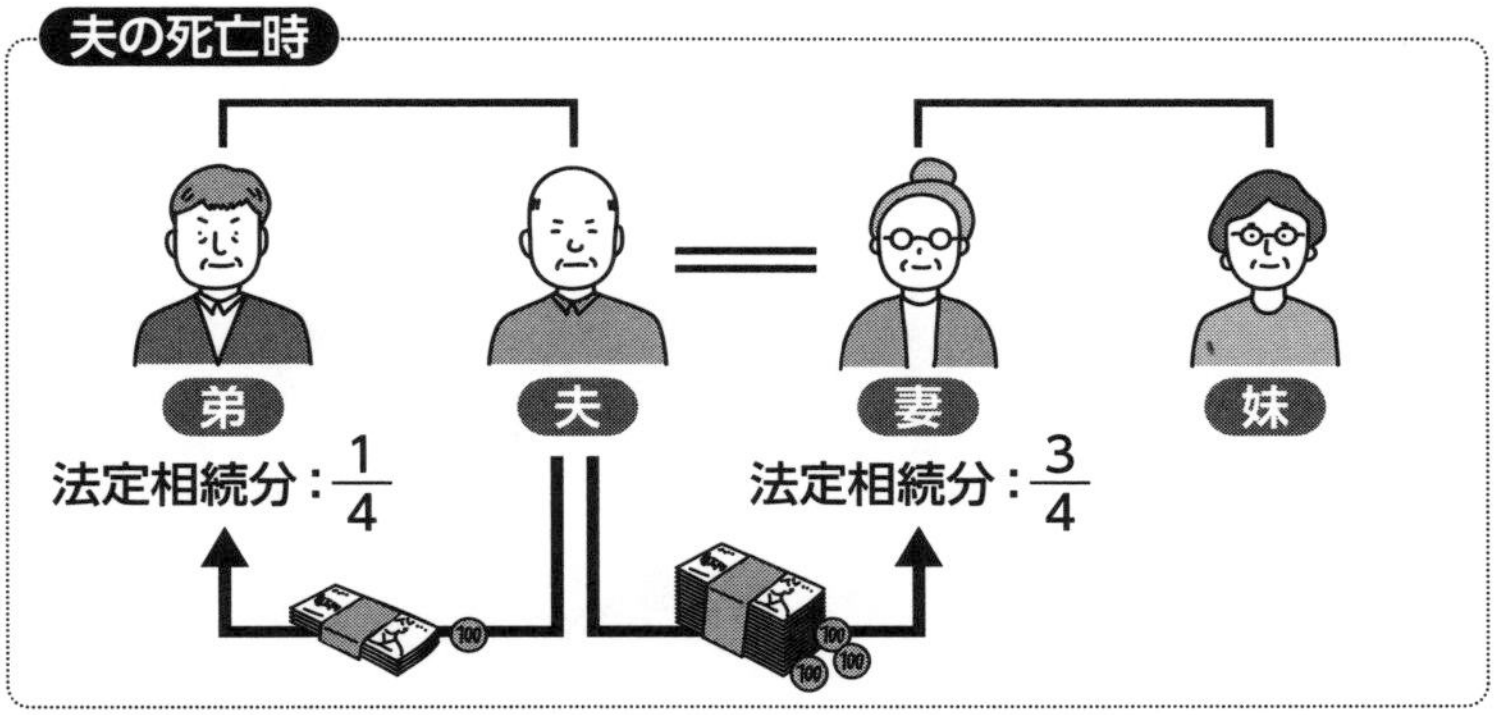

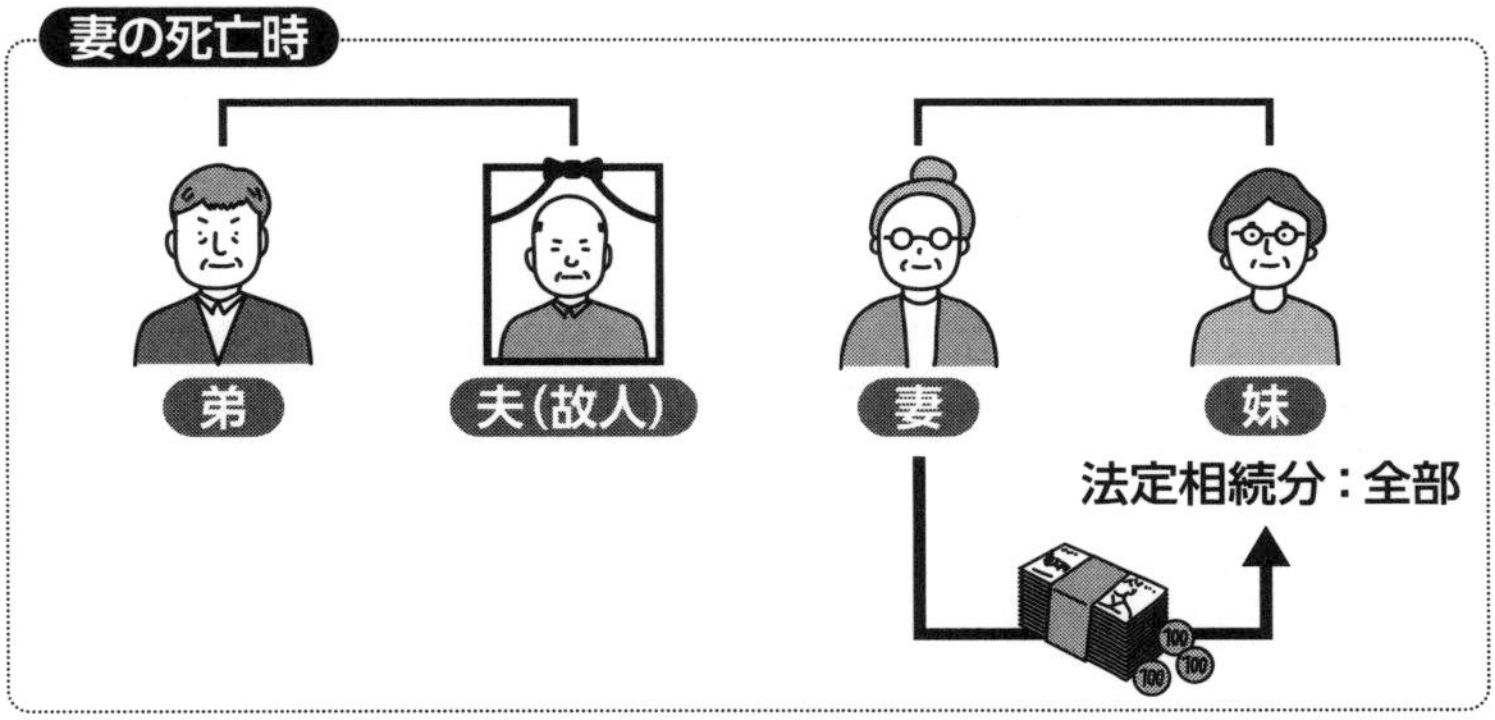

夫の遺言書が効力を及ぼす範囲

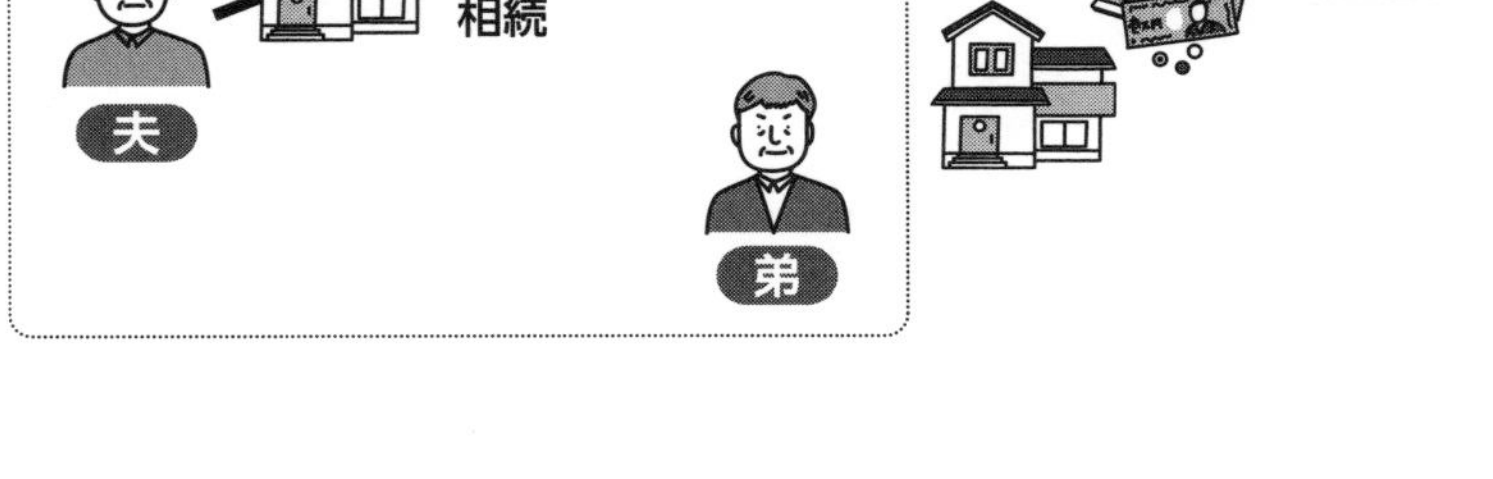

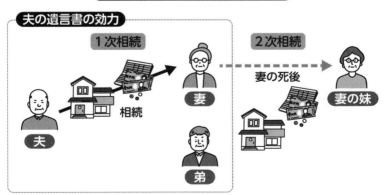

もちろん、妻に「自分の死後は自宅を夫の弟に」という遺言書を書いてもらえば、夫の希望どおりになります。しかし、妻が夫の意向を引き継いでくれるとは限りませんし、いったんは書いても夫の死後に書き直すこともできます。

このように、遺言書だけでは夫の死後、妻が亡くなったときの２次相続以降まで対応することはできないのです。

一方、これが可能になるのが家族信託です。

家族信託の場合、２次相続、３次相続と、先々まで財産の承継先を決めることができます。家族信託は信用できる家族に財産を託して、自分が望む管理をしてもらう個人間の信託だからです。先の例でいうと、「自分の財産はすべて妻に、妻の死後、自宅は弟に」などと指定することができるわけです。

6

家族信託の機能③共有名義の回避

共有する不動産の問題解決

トラブルが起きやすい共有名義

不動産物件は相続人同士で分けづらい財産なので、相続争いを避けようと共有名義にすることがあります。たとえば、アパートを1棟持っていた父が死亡したため、3兄弟がそのアパートを相続し、共有名義にするなどのケースです。

ただし、**共有名義には問題が起きやすい面もあります。**

というのも、財産には「そこから発生する経済的な利益を受ける権利」と「使用したり、処分したりする権利」という両面があるからです。

先の例だと、アパートを共有名義にして、収益を3等分している間はよいかもしれません。しかし「古くなってきたから建て替えよう」「まとまったお金が必要だから売却しよう」などというとき、共有者全員の同意が必要です。3人のうち1人でも反対する人がいると、建て替えたり売却したりができなくなります。

こうなると、たとえば「建物が古くて入居者が減ってきた」というときでも、建て替えができなくなります。入居者が減って利益が出なくなっても対処できないため、その財産が宝の持ち腐れになるわけです。

ほかにも、共有者同士の仲が悪くなってしまったり、共有者が行方不明になったり、共有者の死亡でそちらの相続争いが発生したりと、トラブルが起きやすいのが共有名義です。

家族信託で権利を分ける

家族信託の場合、このようなトラブルを回避しやすくなります。

そもそも信託は、財産を「そこから発生する経済的利益を受ける権利」と「使用したり、処分したりする権利」に分けるものとも言えます。経済的利益を受ける権利を持つのが受益者で、使用・処分する権利を持つのが受託者です。

先の、アパートを1棟持つ父と、3兄弟の例で考えてみましょう。このような場合、**1人を受託者として管理・処分を託す**と、建て替えや売却等については受託者1人で行うことができます。

一方、**受益者は3兄弟にする**と、アパート経営から得られる収益は3人で分けられるわけです。

不動産を共有名義の場合

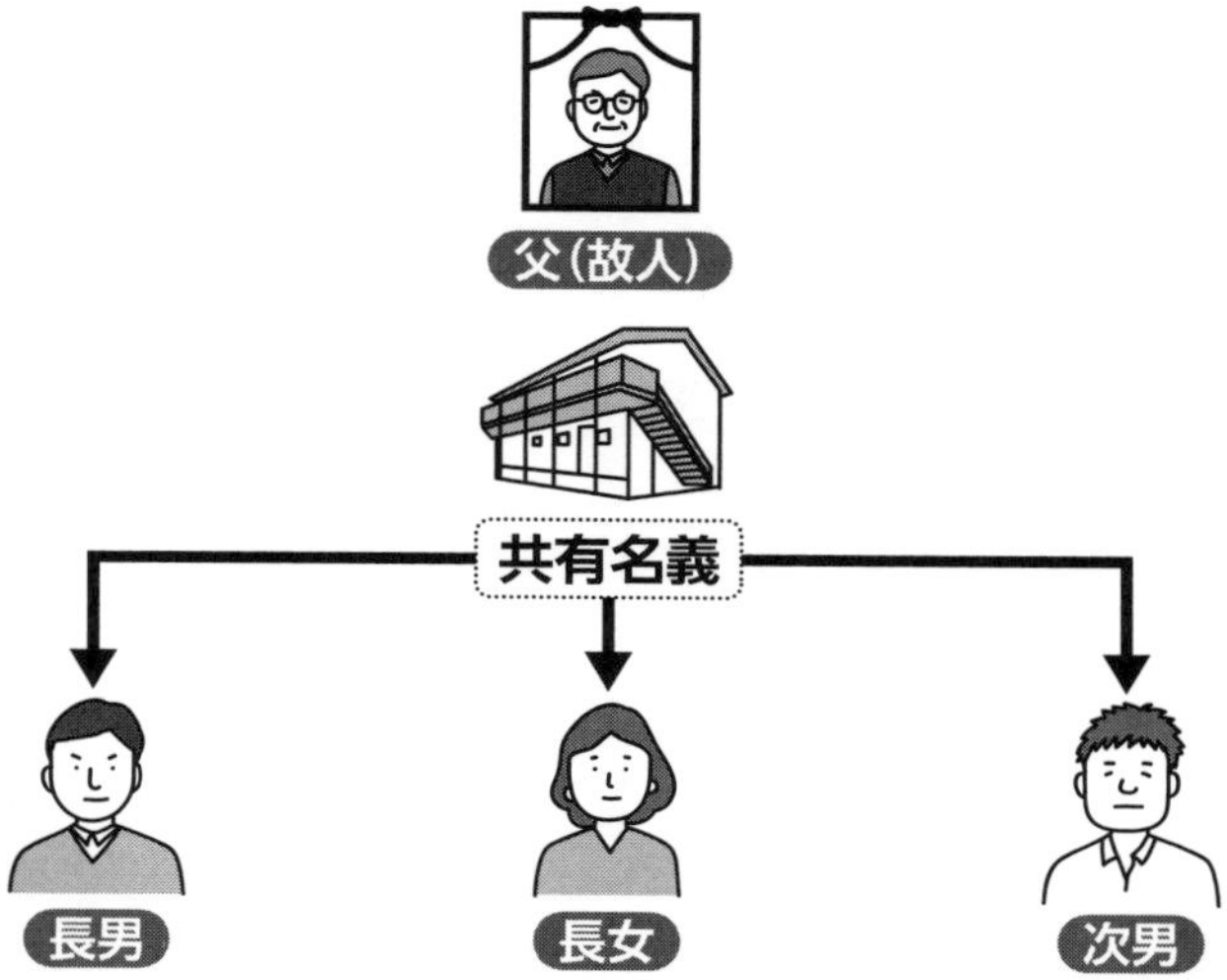

収益は3人で分けられるが、建て替えや売却などは全員の合意が必要

家族信託の場合

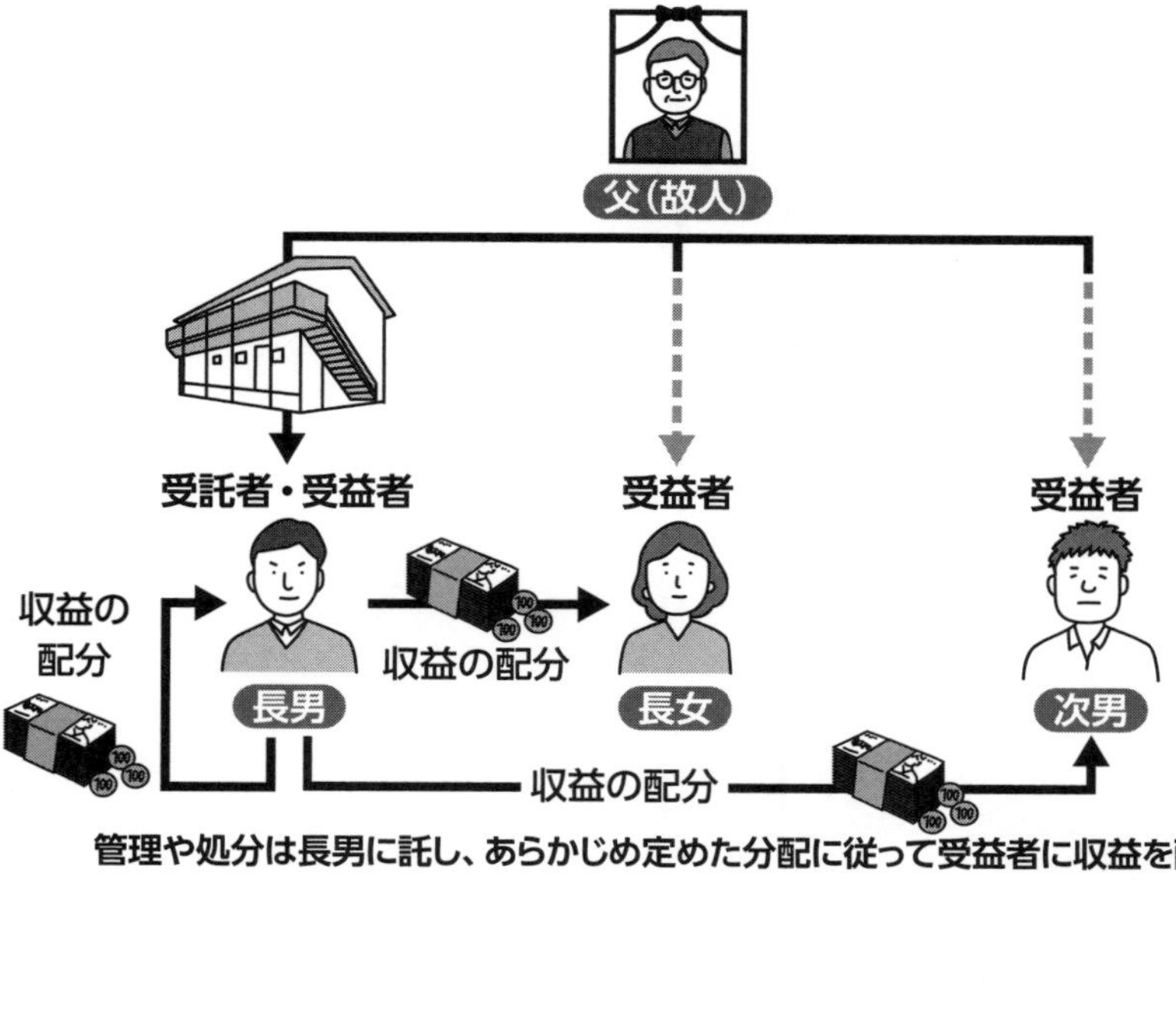

管理や処分は長男に託し、あらかじめ定めた分配に従って受益者に収益を配分

7 商事信託と民事信託

信託には「商事信託」と「民事信託」がある

信託という言葉から、信託銀行や投資信託というイメージを持つ人もいるかもしれません。

実は、**信託には「商事信託」と「民事信託」があり、商事信託は信託業法に基づいて信託銀行や信託会社が行うものです。**つまり受託者は信託業法上の免許を持つ金融機関または信託会社のみがなることができ、営利を目的としていますから必ず報酬が発生するのも特徴の一つです。

一方、**民事信託の受託者は原則として誰でもなることができます。**

この民事信託の中で、「家族によって家族のために」行うものが「家族信託」です。

商事信託は、信託銀行や信託会社が担い手となりますので必ず報酬が発生します。また、利

商事信託と民事信託

商事信託

信託報酬を得るために、受託者が業務として行う信託。受託者は信託業法に基づいて信託銀行や信託会社がなる

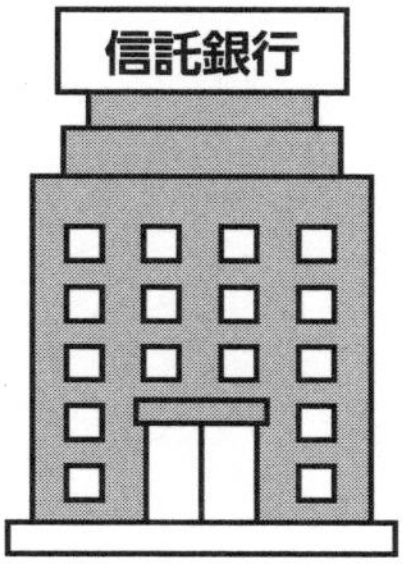

民事信託

誰でも受託者になることができる信託。営利を目的としない

家族信託

家族によって、家族のために行う信託

用にあたって一定額以上の財産が必要などの条件があります。そのため、形式が決まっています。

　これに対して、家族信託では、完全オーダーメイドでそれぞれの家族のニーズにしたがって自由にしくみを作ることができます。

第2章

家族信託の決まりごとを理解しよう

1

受託者の権限と義務を確認しよう

受託者になることができる人

受託者は、委託者から財産の管理を委託されて引き受けた者のことです。信託目的にしたがって、受益者のために信託財産の管理や処分などを行います。

受託者になるために特別の資格等は必要なく、基本的に誰でもなることができますが、信託財産を適切に管理するためには受益者や財産の状況などを総合的に考え、判断する必要があります。そのため、未成年者や成年被後見人、被保佐人は受益者になることができません。

前述したとおり、信託には、信託銀行や信託会社等が主に営利を目的として行う「商事信託」と、営利を目的としない「民事信託」があります。その民事信託の中で、家族が受託者となって行う民事信託のことを一般的に「家族信託」と呼びます。

「商事信託」は、その信託財産を運用し積極的に収益をあげようとするのに対して、「民事信託」は主に営利を目的としません。収益を上げることよりも信託財産を適切に維持・管理することが第一の目的になります。

また、「商事信託」は、営利を目的とするため、受託者が行う管理・運用に対し、信託報酬が発生しますが、「民事信託」では維持・管理が主な目的であること、家族が受託者となることから、商事信託に比べると一般的に報酬は低額であることも多く、信託報酬を発生させないことも可能です。

報酬額については、信託行為に定めていればその金額、定めがない場合には業務に応じた額となり、受益者にその額と計算の根拠を通知します。

受託者の権限

信託法では、受託者の権限の範囲を「信託財産に属する財産の管理又は処分及びその他の信託の目的の達成のために必要な行為」（信託法第26条）と定めています。

これは、財産の現状を維持するための行為はもちろん、賃貸して収益を図る行為、運用する行為などはもちろん、銀行から借入等をする行為も含みます。

一方で、受託者の権限を制限することも可能です。たとえば「自宅の管理と修繕は委託するが、売却は認めない」などと信託行為に定めることで制限することができます。

受託者の義務

信託法では、受託者のさまざまな義務も定めています。主なものは次のとおりです。

❶善管注意義務（信託法第29条）

「善管」とは、善良な管理者という意味です。その責任の程度は、その受託者の職業や社会的・経済的地位に応じて要求されるもので、その責任は非常に重いものとなります。

財産を任されたのですから、当然、その受託者に対し通常期待される程度の注意義務があるということです。注意義務を怠ると、過失があるとみなされて損害賠償などの対象になることがあります。

❷忠実義務（信託法第30条）

受託者は、法令や信託目的にしたがって、受益者のために忠実に信託事務を処理する義務があります。

受託者と受益者の間で利益が相反等する場合には、忠実義務の問題が起きやすくなりますので、受託者の行為が制限されています。

❸公平義務（信託法第33条）

受益者が２人以上いる場合、受託者は受益者に対して公平にその職務を行う義務があります。

❹分別管理義務（信託法第34条）

受託者は、自分の財産と信託財産を、財産の区分に応じて分別して管理する必要があります。財産の区分および管理方法は次のとおりです。

①**登記または登録をしなければ権利の得喪・変更を第三者に対抗できない財産**……登記または登録する

②**金銭を除く動産**……信託財産に属する財産と固有財産および他の信託の信託財産に属する財産とを外形上区別することができる状態で保管

③**金銭および②に掲げる財産以外の財産（たとえば債権）**……その計算を明らかにする方法

④**法務省令で定める財産**……法務省令で定める方法

ただし、分別して管理する方法について、信託行為に別段の定めがある場合には、その定めるところによります。

❺自己執行義務（信託法第28条）

受託者は、委託者から信頼されて財産の管理等を託されているため、原則として自分で信託事務を行う必要があります。ただし、次の場合には、信託事務の処理を第三者に委託することができます。

- 信託行為に信託事務の処理を第三者に委託する旨、または委託することができる旨の定めがあるとき
- （信託行為に信託事務の処理の第三者への委託に関する定めがない場合において）信託事務の処理を第三者に委託することが信託の目的に照らして相当であると認められるとき
- （信託行為に信託事務の処理を第三者に委託してはならない旨の定めがある場合において）信託事務の処理を第三者に委託することにつき信託の目的に照らしてやむを得ない事由があると認められるとき

❻帳簿等の作成等、報告および保全の義務（信託法第37条）

受託者は、信託事務に関する計算や信託財産の状況を明らかにするために、帳簿その他の書類、または電磁的記録を作成する必要があります。毎年1回、一定の時期に貸借対照表、損益計算書その他の書類を作成して、受益者に報告します。

作成した書類等については、10年をすぎるまで（それまでに信託の清算の結了があればその日まで）保存しなければなりません。また、受益者に書類の閲覧や謄本の請求等をされた場合には、それに応じて書類等を閲覧させなければいけません。

❼受託者の損失てん補責任（信託法第40条）

受託者が任務を怠ったことで信託財産に損失等が生じた場合には、受益者は受託者に対して損失のてん補または現状の回復を請求することができ、受託者はその責任を負います。

2 受益者と受益権を確認しよう

受益者は受益権を持つ人

受益者は、信託財産から得られる利益を受け取る権利、つまり受益権を持つ人です。委託者による信託契約で受益者が指定されます。

受益権は委託者から受益者として指定された人が受ける権利で、受益者になったときに通知されるため、原則として自分から受益権取得の意思を表示する必要はありません。

受益者は比較的自由に定めることができます。たとえば次のような者でも受益者にできます。

- 自分自身
- 胎児、将来生まれる未存在の子供など
- 株式会社、有限会社、民法法人、団体、組合等
- 複数の人

複数の人を受益者にする場合、同時に受益権を指定することもできますし、「Aの死去後はBが受益者」などのように連続的に取得させることもできます（44ページ）。

このように受益者の死亡後の定めがない場合には、その受益権は通常の相続財産と同様に相続されます。

受益者は、受託者に対して経済的利益を受ける権利がありますから、それに伴って経済的利益を確保するための権利もあります。主なものは次のとおりです。

・受益者が2人以上いる場合、受託者に他の受益者の氏名等を開示請求できる
・受託者に対して、信託事務の状況等について報告を求めることができる
・受託者に対して、信託財産に係る帳簿その他の書類等を閲覧請求することができる
・受託者がその任務を怠って信託財産に損失が生じた場合等、損失のてん補を求めることができる

3

信託財産の種別ごとの手続き①

不動産は登記手続きをする

信託財産は誰のもの？

そもそも、**家族信託は財産を「管理・処分する権利」と、「経済的利益を得る受益権」とに分けるものです。**

たとえば父が老後の判断力低下に備えて、「息子を受託者として財産（マイホームと預貯金）を管理してもらう。そこから得られる利益は父が受益者として受ける」という家族信託を結んだとしましょう。

この場合、信託財産となったマイホームと預貯金は誰のものでしょうか。

信託財産は「管理処分権限」と「受益権」に分けられる、ということにヒントがあります。

つまり、**財産の名義は形式上、受託者に変更されますが、そこから得られる利益は受益者が得ますから、実質的には受益者のものと言えます。**先の例で言えば、マイホームと預貯金の名義は受託者である息子となりますが、実質的には受益者である父の財産となるわけです。

さらに大切なことは、受託者において**信託財産と自分の財産とを分けて管理しなければならない**という義務があることです（信託法第34条）。これを、「**分別管理義務**」と言います。

信託不動産の登記手続き

信託不動産の種別ごとの手続きについて紹介しましょう。まずは信託不動産です。

家族信託で不動産を信託財産とした場合、その旨を法務局の登記簿に登記する必要があります。「所有権移転登記手続き」という形で登記をし、委託者から受託者に名義変更がされます。

ただし、これだけでは、所有者が受託者に変更されているように見えてしまいます。これでは、客観的には委託者から受託者へ不動産を贈与したように見えてしまうため、あくまでも委託者の財産を管理するための家族信託であることを明示する必要があります。

具体的には、**登記時に所有権移転の登記原因として信託を明示し、あわせて「信託目録」を作成し、この目録の中で委託者と受託者を明記します。**

また、信託契約書の中から、登記に必要な事項および任意に登記したい事項を「信託条項」として記載します。記載例は、次のとおりです。

・信託の目的……なぜ信託が設定されているのか、その目的を記載する
・信託財産の管理方法……受託者の管理処分に関する権限について記載する
・信託の終了事由……信託をいつまで継続するのか、どういった事情により終了するのかを記載する
・その他の信託の条項……信託終了時の信託財産の承継先など、記載することで遺言書の機能を持たせることもできる

家族信託の内容を定める「信託契約書」と違って、不動産登記簿の内容は誰でも法務局などで見ることができるものです。登記簿とともに作成される「信託目録」には信託契約の主となる内容ないし任意に登記した信託契約の内容が記載されていますので、家族信託の一部の内容についても第三者から見られる可能性があることを意味しています。

実際にどこまで「信託目録」に記載するかは、家族信託の契約時に相談した弁護士や司法書士等と打ち合わせをしたうえでどの範囲まで登記するか検討するようにしましょう。

信託不動産の登記簿例

権利部（甲区）（所有権に関する事項）			
順位番号	登記の目的	受付年月日・受付番号	権利者その他の事項
1	所有権移転	平成○年○月○日 第○○○号	原因 平成○年○月○日売買 所有者 東京都○○区○○○ あさ父郎
2	所有権移転	令和○年○月○日 第○○○号	原因 平成○年○月○日信託 受託者 東京都○○区○○○ あさ一郎
	信託	余白	信託目録第○○号

信託目録		調整	
番号	受付年月日・受付番号	予備	
第○○号	令和○年○月○日 第○○○号	余白	
1. 委託者に関する事項	東京都○○区○○○ あさ父郎		
2. 受託者に関する事項	東京都○○区○○○ あさ一郎		
3. 受益者に関する事項	東京都○○区○○○ あさ父郎		
4. 信託条項	**信託の目的** 受益者の安定した生活の支援及び受益者の福祉を確保するために、受益者の資産の適切な管理運用及び処分、その他必要な行為をすること。 **信託財産の管理方法** ⑴信託不動産の保存及び管理運用に必要な処置、特に不動産の維持・保全・修繕等は、受託者が適当と認める方法、時期及び範囲において行うものとする。 ⑵受託者は、信託不動産を第三者に賃貸することができる。 ⑶受託者は、裁量により信託不動産を換価処分することができる。 **信託の終了事由** 本件信託は、委託者兼受益者であるあさ父郎が死亡した時に終了する。 **その他信託条項** 本件信託が終了した場合、残余財産については、信託契約において指定した、残余財産帰属権利者に帰属するものとする。		

4

信託財産の種別ごとの手続き②

預貯金は信託口口座を開設する

受託者名義の信託口口座

原則として、銀行口座は口座名義人の本人以外は入出金や振込みの手続きをすることはできません。たとえば本人が急に入院したため、家族が代理で預金を引き出したいという場合には、委任状を金融機関から求められるなど、厳格な本人確認が行われます。

そのため、仮に家族信託を開始していても、委託者本人の名義の銀行口座からは受託者が自由に入出金や振込みをすることはできません。そのつど委任状を書いてもらい、手続きするのも現実的ではありませんし、そもそも本人が認知症などを患っていればそれも不可能です。

そのため、**基本的に預貯金を信託財産とする場合には、受託者の肩書付きの信託口口座を開設することが理想的です。**信託口口座は、名前のとおり「信託した預貯金を管理する口座」のことで、受託者個人の預貯金とは別の、信託財産の管理用口座となります。

預貯金の管理の手順は次のようになります。

①受託者の肩書付きの名義で信託口口座を開設する
②委託者が自身の口座から引出しまたは振込みで信託口口座に入金する

これで、受託者個人の預貯金と信託財産の預貯金とを分別管理することができるわけです。その後、たとえば不動産収入は賃借人に信託口口座に入金してもらうよう通知し、経費や税金、生活費などは信託口口座から支払うことになります。

万が一、受託者が死亡したり病気を患い口座の管理ができなくなった場合でも、信託口口座なら契約書で定めておくことにより次の受託者がスムーズに引き継げるというメリットもあります（ただし事前に金融機関に確認の必要がある）。

なお、**信託口口座はすべての金融機関で取り扱っているわけではありません。**取扱金融機関も少しずつ増えてきていますが、最寄りの金融機関で取扱いがあるとは限らず、遠方の取扱金融機関での信託口座の開設を要した場合、預貯金の管理に支障をきたし、不便を感じることもあるでしょう。

受託者の個人名義で新規口座を開設する

信託口口座を利用できない場合、**受託者があらかじめ受託者の個人名義で新規口座を開設して、信託財産専用の口座として代用することもできます。**

手続きの流れは信託口口座とほぼ同様ですが、この場合は信託契約書の中で信託専用口座の口座番号を記載する等して信託財産の管理用の口座であることを特定しておくようにします。口座名義は受託者の個人名義とする必要がありますが、委託者が信託財産の管理用口座であることを了承していることを信託契約書において示すためです。

一般的に、たとえば委託者である父のお金を、受託者である子の口座に入金すると、贈与とみなされることにより贈与税が課せられる可能性があります。贈与ではなく、実質的には委託者である父のお金を管理していることを示すためにも、信託契約書において信託財産であることを記載しておく必要があるわけです。

受託者の新規口座を信託管理用の口座にすることは手軽な方法ではありますが、デメリットもあります。受託者が死亡したり、病気を患うことにより受託者が口座の管理をできなくなった等の場合、金融機関は信託管理用の口座だと認識せずあくまでも受託者の個人口座であるという認識のため、死亡の場合は受託者の相続財産という扱いがなされる等して次の受託者への引継ぎが困難になる可能性があります。

そのようなリスクが考えられるため受託者の肩書付きの**信託口口座によって管理を行うことが運用面において安全**であると言えます。

その他の財産として、経営者が所有している自社株式も家族信託の信託財産にするケースもあります。自社株式については第４章をご参照ください。

5 家族信託を開始するまでの流れ

専門家への相談は必須

家族信託は、信頼できる家族に自己の財産の管理処分を任せるものですから、家族間での話し合いで簡単に設計できると考えている人もいるかもしれません。しかし、家族信託は長期間にわたって続く契約ですから、トラブルを防ぐためにも専門家への相談は不可欠です。

なぜなら、家族信託は比較的、自由に契約内容を設計できるため、その人の資産状況や家族関係によって、人それぞれよりよい内容が変わってくるからです。

家族信託の場合、家族構成やその目的、保有資産等、その内容によって**弁護士、司法書士、税理士といった士業がチームを組んで、その人にあった家族信託のプランを設計し、その提案を受けることが必要となるでしょう。**またアパート経営をしているなど、収益物件を所有している場合には、不動産の専門家による提案が必要なこともあります。

そのため、相談前には次のようなことをまとめておくと、スムーズに相談できるでしょう。

・資産の状況
・現状の管理状況
・家族・親戚関係
・老後生活に関する希望
・死亡時の相続に関する希望
・二次相続以降（遺産の承継）に関する希望
・不動産や会社を所有している場合の希望

家族信託の流れ

❶専門家へ相談する
↓
❷提案を受ける
↓
❸信託契約書案を確認する
↓
❹完成した信託契約書を確認する
↓
❺公証役場で信託契約書を締結する
↓
❻各信託財産について手続きをする

1ヶ月～半年が目処

家族信託について専門家へ相談し、実際に財産の管理処分を開始できるようになるまでは、1ヶ月～半年くらいはかかると考えておきましょう。場合によっては、1年以上かかるケースもまれではありません。

なぜなら、その人が置かれた状況によって、保有する資産についての評価を要したり、家族への説明に時間を要したりと、事前準備や家族間の理解等のさまざまな調整が必要になるからです。

家族信託の大まかな流れは次のとおりです。

❶専門家へ相談する

あらかじめ相談内容をまとめ、自分の希望を的確に伝えられるように整理しておきます。

❷提案を受ける

こちらの相談内容を受けて、専門家から家族信託のプランが提案されます。疑問点があれば必ず説明を求め、十分に理解することが大切です。手続きにかかる費用やスケジュールなどもしっかり確認するようにしましょう。

❸信託契約書案を確認する

提案内容に同意したら、その内容で信託契約書案を作成してもらいます。疑問点を残さないように説明を受け、自分の希望が盛り込まれた内容になっているかを確認しましょう。修正したい点があれば、その旨を相談しましょう。

❹完成した信託契約書を確認する

出来上がった契約書が希望どおりになっているかどうか、最終的に確認します。

❺公証役場で信託契約書を締結する

委託者および受託者が公証役場に赴き、公正証書に署名捺印するなどの手続きを行います。公正証書の原本は公証役場で保管され、公正証書の正本を受け取ります。

❻各信託財産の手続きをする

不動産は信託登記手続き、預貯金は信託口口座を開設したうえで信託口口座への入金など、信託財産を受託者に託します。

問題となりやすいのが、家族への説明です。家族間で遺恨を残さないためには最低限、❸信託契約書案について家族全員に納得してもらうことが必要ですが、突然、家族信託を進めていることを知らされると不満を持つ人もいるでしょう。

そのため、できるだけ早い段階、たとえば❶専門家に相談する前後には、家族全員に家族信託を考えている旨を伝え、自分の希望について理解を求めることが大切です。

6 家族信託に関する税金はどうなる？

贈与税・相続税は？

ここでは、家族信託に関する税金について紹介します。税金はさまざまな特例等がありますので、実際には税理士等に相談のうえ確認してください。

まずは、贈与税・相続税です。

アパート経営をしている父が、そのアパートを息子に生前贈与した場合、贈与税の課税対象となります。父の死去で息子がアパートを相続した場合には、相続税の課税対象となります。

これは、贈与や相続によって所有権が子供に移るためです。

家族信託の場合、管理する権限を受託者である息子に委託しても、受益権は委託者である父のままです。不動産登記上では、アパートの所有権は子供になりますが、実際に利益を得てい

贈与税・相続税の扱い

◉父が持つアパートを生前贈与した場合

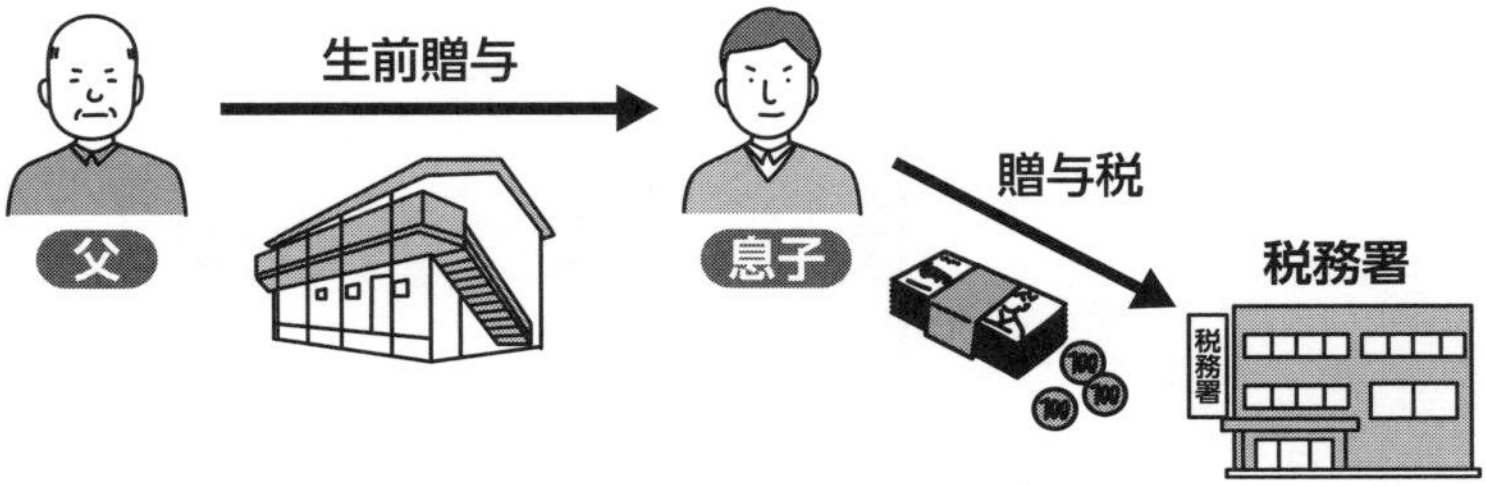

◉父が持つアパートを死去により相続した場合

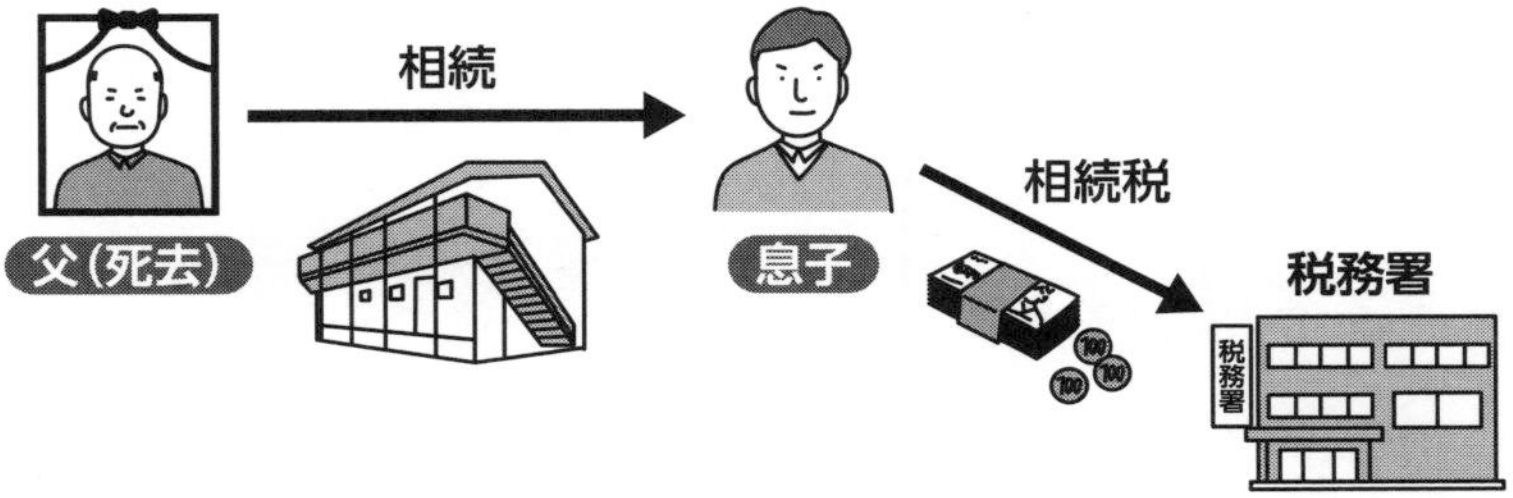

◉父が持つアパートを息子に受託者として家族信託した場合

るのは父ですから、税制上は、父がアパートの所有者とみなされます。
そのため、**家族信託では贈与税はかからない**わけです。名義が移っても、受益権が移ったかどうかで判断されると言えます。

ただし、父の死亡で受益権が息子に移ったときには、相続税の課税対象となります。その際の相続税額は、家族信託をしていたかどうかは関係なく、通常どおりに計算されます。

また、**委託者と受益者が別の人物だった場合、家族信託を結んだ時点で、委託者から受益者への贈与とみなされ、贈与税が課せられることがありますので注意が必要です。**

所得税は？

所得税とは、給与や不動産の賃料収入など、所得にかかる税金です。毎年、1月1日から12月31日の所得を、年末調整するか、翌年の3月15日までに確定申告して納税します。

そのため、先のアパート経営をする父がいる場合には、その収入にかかる所得税を払う必要があります。この**所得税についても、課税義務者は受益権のある父**です。

ただし、実際には、アパート経営からの収入は受託者である息子の信託口口座等に入金されています。そのため、手続き上は、所得税もこの口座から支払うことになります。**受託者は委託者の財産を管理する義務がありますから、所得税の支払いについても、課税義務者である委託者に代わって行う**わけです。アパート経営の経費と同じ扱いとイメージするとよいでしょう。

所得税の扱いに関しては、アパートの賃料だけでなく、株式の配当金や特許権を信託した場合のロイヤリティ等、他の所得についても同様です。

固定資産税は？

固定資産税とは、毎年1月1日に土地・家屋等を所有している人、つまり不動産の名義人に課せられる地方税です。課税義務者には、市町村から毎年「納税通知書」が送られてきますので、この納付書に従って納税します。

ここで注意したいのは、マイホームやアパート経営している物件などを信託財産としている場合、それらの不動産は受託者の名義となっていることです。そのため、受託者に固定資産税の納付書が届いてしまいます。

ただし、固定資産税は税務上、受益者と受託者のどちらが負担してもよいことになっていますので、**受益者に負担してもらえるよう、あらかじめ信託契約書にその旨を記載しておきましょう。**そのうえで、受託者の信託口口座等から支払うようにします。

アパートなど収益物件であれば、この固定資産税は経費にできますので、なおさら受益者が負担するほうがお得です。所得税の節税になります。

譲渡所得税は？

譲渡所得税とは、土地や建物を売却して利益が出たときに支払う税金で、他の所得とは区別して計算します。

たとえば、委託者である父のマイホームを、受託者である息子との同居するため、息子が売却したケースを考えてみましょう。この際に出た利益は、受益権のある受益者のものです。このケースでは父のものとなります。

そのため、**譲渡所得税の課税義務者は父となり、受託者である息子が父に代わって信託口口座等から支払う**わけです。

ただし、マイホームの売却の場合、一定の要件を満たせば所得から３０００万円を差し引くことができますので、譲渡所得税がかからないケースも多くあります。

また、信託は継続しつつ、受益権だけを売却した場合も譲渡所得税の課税対象となります。

譲渡所得税の扱い

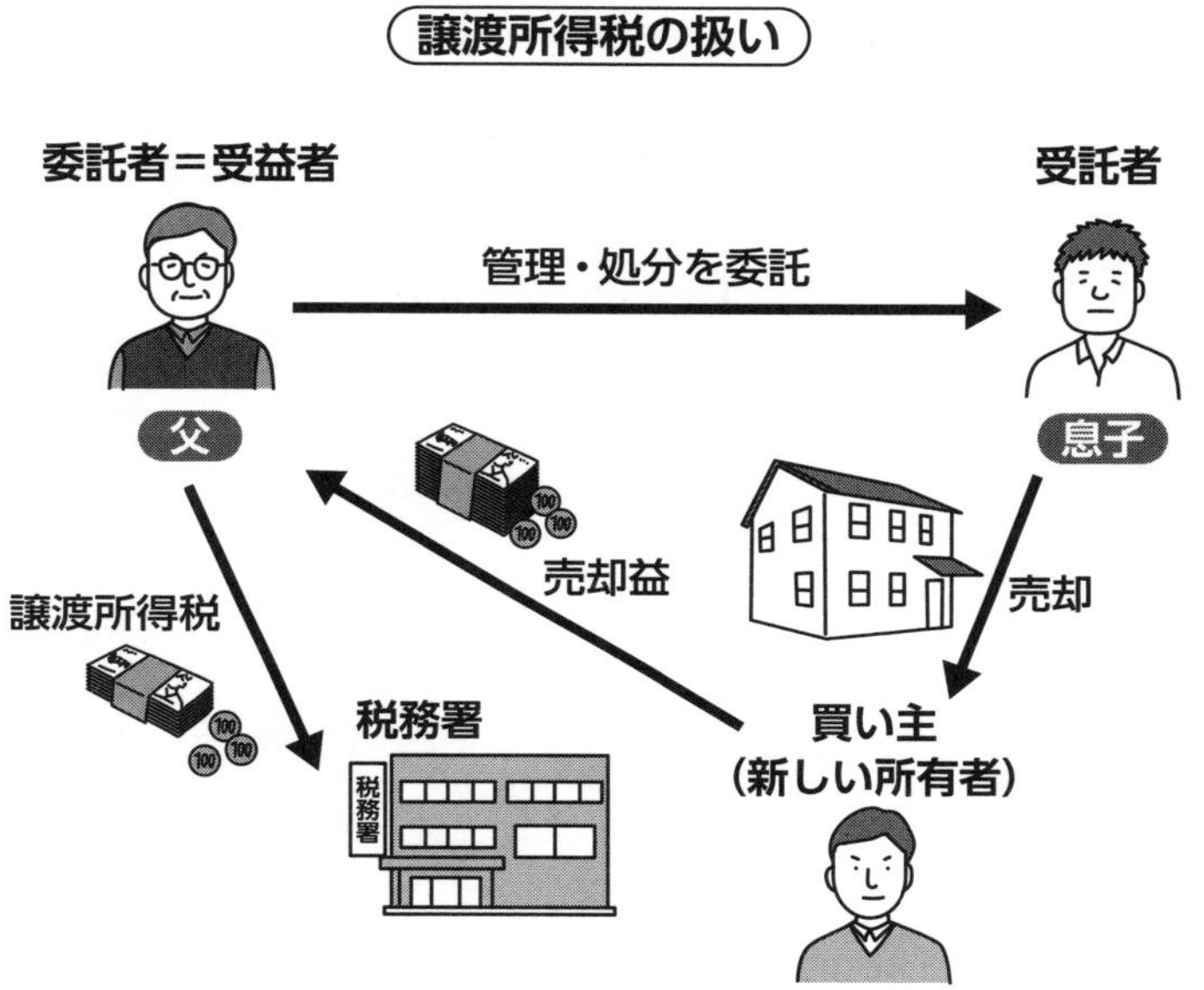

不動産取得税は？

不動産取得税とは、土地や家屋を取得したときに、取得した人に課せられる税金です。土地や家屋の購入、贈与、建築などの取得で課せられますが、相続で取得した場合には課せられません。

不動産取得税は登記をすると都道府県の税務事務所から納税通知書が届きますので、**家族信託で登記した受託者のもとに届く**ことになります。この場合、すみやかに税務事務所に連絡しましょう。**信託であることを伝えると、不動産取得税の課税対象ではないと認められます。**

ただし、信託が終了した場合には、委託者の死亡で相続された場合等を除いて、原則として不動産取得税がかかります。

7 家族信託のデメリット

家族信託に向かないケースがある？

家族信託は、生前の財産管理機能、相続後の遺産分割等遺言書機能、さらに数次相続機能等を備えた便利なしくみです。比較的、自由にその人に合ったしくみを作れることもあり、今後も利用が増えていくものと考えられています。

とはいえ、すべての問題が家族信託で解決するわけではありません。

もっとも問題となりやすいのが、信託契約が委託者と受託者の間のみでなされることです。たとえば父が委託者、長男を受託者にするケースはよくありますが、父と長男の間だけでさまざまな取り決めがされると、他の兄弟姉妹は不公平感を感じる可能性があります。

父の死後は兄弟姉妹にも相続権がありますから、生前の財産を長男のみが管理しているとなると、ちょっとした行き違いで信頼関係が損なわれるかもしれません。

そのため、家族信託の契約を結ぶ前から十分な説明をして納得を得ておくこと、また契約後は帳簿等をクリアにつけていくこと等が求められます。家族内で特定の人だけが有利にならないよう、気を配るのも大切です。

もし、説明を尽くしても納得のいかない家族がいる場合には、慎重に進めるか、もしくは家族信託以外の方法を検討する場面もあるでしょう。

節税対策になるわけではない

家族信託の契約を結び、財産を信託財産にしたからといって、相続税や贈与税の評価額が上がったり、下がったりすることはありません。同時に、税務上の特例等については通常と同じように要件を満たすことで適用することができます。

つまり、家族信託をしたからといって、税務上、特に変わることはないというわけです。デメリットもない代わりに、節税対策になるわけでもないと言えます。

手間と費用がかかる

家族信託を行う際に必要な信託契約書は、専門家でないと作成がむずかしい面があります。

当然、打ち合わせ等の手間、また費用がかかることはデメリットと言えます。
家族信託を考える際には、これらの手間と費用を念頭に入れておきましょう。

第3章

家族信託のケースを見てみよう

1

認知症対策❶

判断能力低下後の生活に備える

事例

母名義の実家を売却して母の介護施設入居費用にあてたいAさん

Aさんは弟がいる長男で、2人とも結婚、独立してそれぞれの家族と暮らしています。気にかかるのが、亡き父から相続した実家で暮らしている78歳の母のことです。Aさんも弟も実家から車で1時間以内のところで暮らしているので、母とはたびたび会って様子はわかっていますが、最近はこれから先のことを心配しているようです。

というのも、生活費は年金でまかなえているものの、財産といえば預貯金300万円程度と、これから先、病気を患ったり、介護が必要になったりしたときには心細い状況だからです。

そこでAさんは、万が一、病院の入院費や介護施設入居費の捻出が必要になったときは、実家を売却することを提案したところ、母や弟も賛成してくれました。

ただ、実家の売却は、母が認知症などで判断能力が落ちてしまうとむずかしいと聞き、このアイデアが実現できるのかどうか悩んでいます。母が元気なうちに実家を売却するとしても、その後に母が暮らす家がなくなってしまうため、八方塞がりに思えてきました。

委託者を母にした家族信託を

Aさんのケースでは、母名義の実家と預貯金を家族信託することが有効な方法です。母の判断能力が低下しても、受託者が実家の売却等を行えるため、その売却益を介護施設等の入居費用にあてることができます。

この場合、次のような設定になります。

- 委託者……母
- 受託者……Aさん（もしくは弟）
- 受益者……母

認知症等に備えるためには、委託者と受益者を同一人物にすることがポイントです。「自分のために、自分の財産を受託者に預ける」ということです。

委託者と受益者が別の人物の場合、家族信託を結んだ時点で100％贈与だと判断されて贈与税が課せられますが、Aさんのケースでは委託者と受益者が母ですから、贈与税はかかりません。

実家など不動産を信託財産にする場合、登記をして不動産を受託者の名義に書き換える必要があります。これは、成年後見制度（40ページ）とは違う点です。成年後見制度では成年後見人等に不動産の管理を任せることはできても、名義の変更はできません。

一方、家族信託の場合は不動産の名義を受託者にできます。

なお、家族信託は受託者に信託財産の管理・処分権限を委託するものですから、受託者の判断で実家を売却することができます。また、母が「1人で暮らせるうちは自宅にいたい」と強く望んでいる場合などは、「介護施設等に入居することで自宅に居住しなくなった場合に売却する」などと信託契約書で条件を定めておくこともできます。

実家の土地が借地の場合には地主に建物の登記名義を受託者に変更する旨を連絡、またマンションの場合には管理組合に連絡して承諾を得ておきましょう。

登記の変更後は、不動産にかけている火災保険の保険会社にも連絡します。

預貯金も信託財産にしておく

実家の売却だけを考えるなら、家族信託の信託財産にするのは不動産だけでもよいのですが、

預貯金300万円も同じく信託財産にすることがポイントです。

母が認知症を患うことが心配なAさん

委託者＝母
受託者＝Aさん（もしくは弟の次男）
受益者＝母

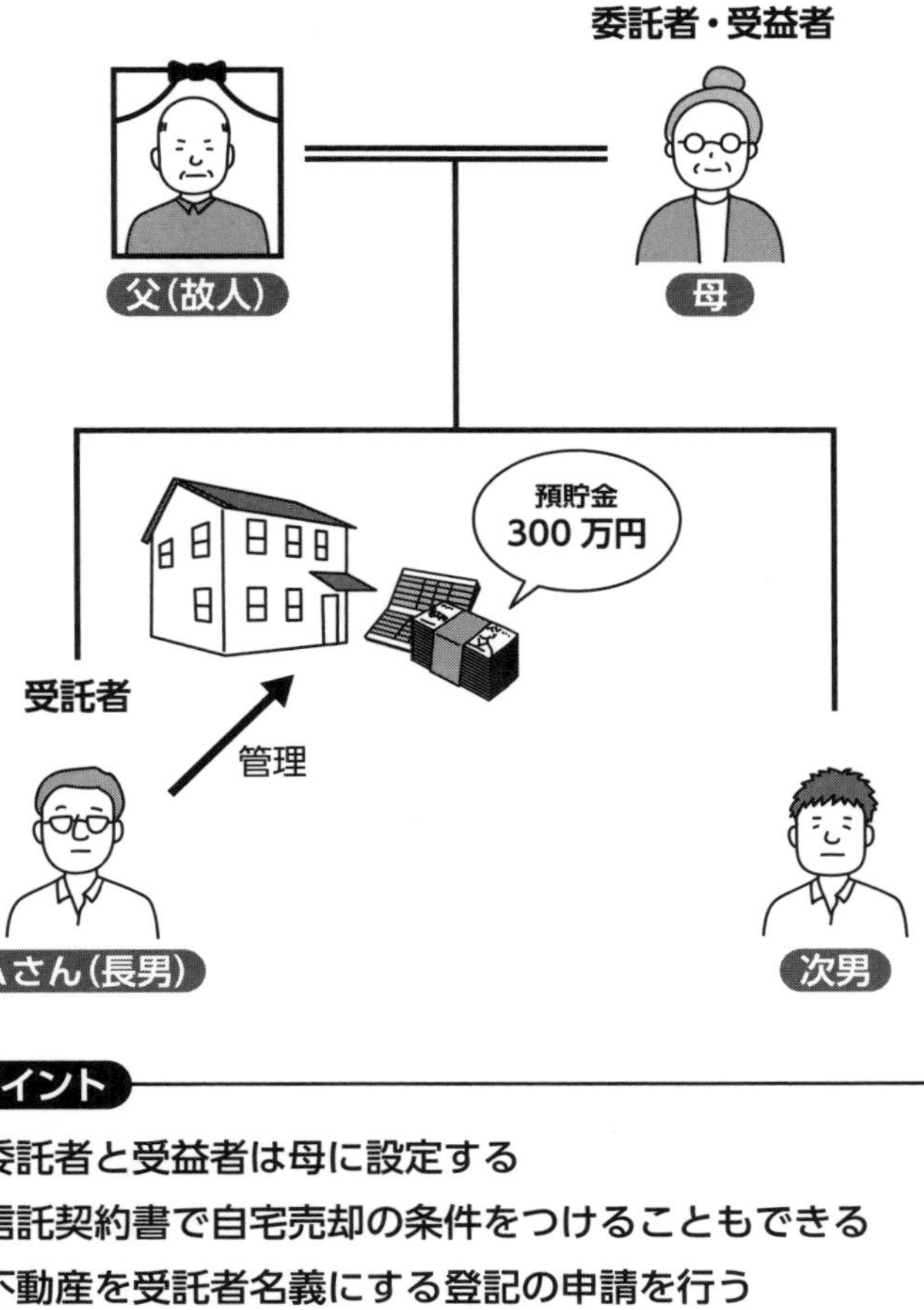

ポイント

①委託者と受益者は母に設定する
②信託契約書で自宅売却の条件をつけることもできる
③不動産を受託者名義にする登記の申請を行う
④必ず、母に判断能力があるうちに、信託契約をしなければならない

というのも、実家を管理しているだけで、固定資産税（77ページ）が毎年かかってきます。また、売却までにちょっとした修繕費用などがかかることもあるでしょう。このような支払いに備えるために、預貯金も信託財産にしておくわけです。

固定資産税は不動産の名義人である受託者、つまりAさんのもとに納税通知書が送られてくるので注意が必要です。支払い自体を母の預貯金から行うのは問題ありません。

預貯金を信託財産にする際には、受託者であるAさんが信託口口座を開設する等、Aさん個人の財産と区別して管理する必要があります。この口座に母の預貯金３００万円を入金し、自分の預貯金とは別に管理します。

遺言機能を持たせることもできる

家族信託は、委託者と受託者の間で交わす契約ですから、建前としては他の人が口を挟む余地はありません。ただし、委託者が死亡した場合には相続が発生しますから、法定相続人としては知らない間に家族信託が交わされていると不信感を持つ可能性があります。

Aさんの場合、委託者の母と受託者のAさんで家族信託契約を結ぶことができますが、母が死亡すると次男である弟も法定相続人です。事前にしっかり説明する必要があるでしょう。

幸い、Aさんの弟は現時点で施設等の入居費のために実家を売却することには賛成してくれています。しかし、家族信託については問題なくとも、母の死去後の相続についてはどう考えているかわかりません。

Aさんの場合、母が実家の売却前に死亡した場合は実家と預貯金が、実家売却後に死亡した場合には預貯金が相続財産となります。この財産をAさんと次男の弟で分けるわけで、法定相続割合に従った場合には2分の1ずつとなります。

ただし、家族信託には遺言機能もありますから、母の希望があれば、残った財産の分け方について記載することは可能です。いらぬ疑いを持たれないため、その旨もあらかじめ理解を求めておくとよいでしょう。

2

認知症対策❷

負担の重いアパート経営を息子に託す

事例

自分の判断能力が低下した後のアパート管理が気になるBさん

Bさんは70代後半で、長年、アパート経営をしています。

妻に先立たれたため一人暮らしをしていますが、最近は体調を崩すことが多くなり、1人でアパートの管理をするのがむずかしくなってきました。そのため、ここ数年は近隣に住む一人息子が管理を手伝ってくれています。息子は自営業を営んでいて、比較的、時間も自由になりますし、しっかり者で安心して任せられます。

この先、Bさんが認知症を患ったり、死去したりした際には、息子に管理をしてもらうのがBさんの希望です。現時点で息子に贈与することも考えましたが、そうすると自分の生活費が心配です。介護施設等に入居するとなると、それなりの費用が必要になるかもしれません。同じくアパート経営をしている同世代の知人に相談したところ、成年後見制度か、家族信託という制度の利用を考えているようです。

どちらがよいかはその人の状況等によると言われ、Bさんはどうすればよいのかと悩んでいます。

生前贈与に節税効果があるなら候補の一つ

現時点で息子にアパートを贈与すると贈与税、自分の死後に息子に相続させると、相続税の課税対象となります。アパートからの収益も当然、息子のものです。

贈与した場合の生活費が心配なら、息子から自分に給与を支払ってもらうことが考えられます。この場合、給与には所得税がかかります。ただし、Bさんが心配しているとおり、この先いつまでアパート管理の仕事を手伝えるかはわからないのがデメリットでしょう。

もう一つは、息子の扶養家族となり、仕送りをしてもらう方法も考えられます。息子の所得が多い場合には、所得税の節税になる方法です。

ただし、現時点で贈与をするのは、それが相続対策になるケースの場合と考えたほうがよいでしょう。相続対策としての生前贈与は、アパートの状況やその他の財産の状況にもよるので、専門家に試算を依頼するなどして総合的に判断する必要があります。

そのうえで、息子への生前贈与にあまり節税効果がない場合には、「成年後見制度」か「家族信託」が選択肢になります。ここまではBさんも認識しているようです。

成年後見制度の概要

成年後見制度とは、認知症などで判断能力が低下した人を保護・支援する制度です。 成年後見人は本人の生活・医療・介護・福祉など、本人の身の回りのことがらに目を配りながらさまざまな保護・支援を行います。

具体的には、本人の不動産や預貯金等の財産を管理したり、本人の希望や体の状態、生活の様子等を考慮して、必要な福祉サービスや医療が受けられるよう、介護契約を結んだり、医療費を支払ったりします。法律に関する事柄が中心ですから、基本的に食事の世話や実際の介護などは成年後見人の職務ではありません。

認知症のために判断能力が低下した高齢者に、次から次へと必要のない住宅リフォーム契約を結ばせる悪質な事例が多発したこともありました。このような悪徳商法の被害から守ったりもします。

◇法定後見制度

成年後見制度には大きく分けると「法定後見制度」と「任意後見制度」があります（40ページ）。さらに、法定後見制度には「後見」「保佐」「補助」の3つがあり、判断能力の低下など本人の事情に応じた制度を利用できるようになっています。

成年後見制度とは

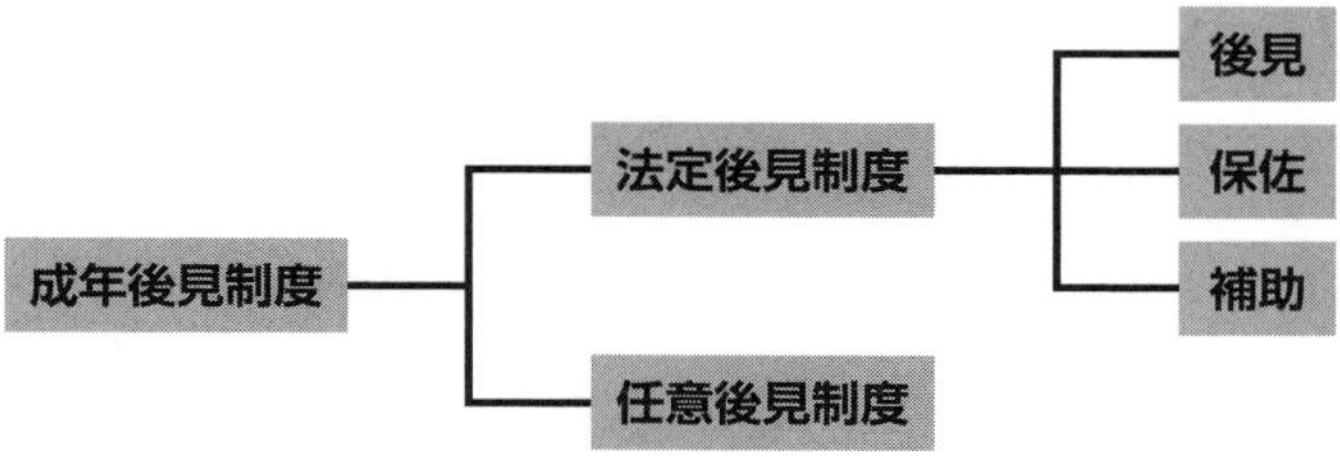

法定後見制度の3種類

	補助	補佐	後見
対象となる人	判断能力が不十分な人	判断能力が著しく不十分な人	判断能力がまったくない人
成年後見人等が同意または取り消すことができる行為＊1	申立てにより裁判所が定める行為＊2	借金、相続の承認など、民放13条1項記載の行為のほか、申立てにより裁判所が定める行為	原則としてすべての法律行為
成年後見人等が代理することができる行為＊3	申立てにより裁判所が定める行為	申立てにより裁判所が定める行為	原則としてすべての法律行為

＊1 成年後見人等が取り消すことができる行為には、日常生活に関する行為（日用品の購入など）は含まれない

＊2 民法13条1項記載の行為（借金、相続の承認や放棄、訴訟行為、新築や増改築など）の一部に限られる

＊3 本人の居住用不動産の処分については、家庭裁判所の許可が必要となる

＊ 補佐制度および後見制度の利用により、本人が一定の資格や地位を失う場合がある

＊ 補佐開始の審判、補助人に同意権、代理権を与える審判、補佐人に代理権を与える審判をする場合には、本人の同意が必要

＊ 家庭裁判所「成年後見制度－利用をお考えのあなたへ」より作成

法定後見制度では、家庭裁判所が選んだ成年後見人・保佐人・補助人（以下、成年後見人等）が、本人の利益を考えながら、本人を代理して契約などの法律行為をしたり、法律行為を後から取り消したりすることによって、本人を保護・支援するわけです。

◇成年後見人等には誰がなる？

成年後見制度といっても、人の事情はそれぞれです。そのため、本人のためにどのような保護・支援が必要かに応じて、家庭裁判所が選任します。具体的には、本人の親族、法律・福祉の専門家その他の第三者、福祉関係の公益法人その他の法人が選ばれることもあります。

成年後見人等を複数選ぶこともでき、また成年後見人等を監督する成年後見監督人などが選ばれることもあります。

成年後見制度を利用するには、家庭裁判所に審判を申し立てますが、申し立てた人が成年後見人等に選ばれるとは限りません。希望に沿わない人が選任された場合でも、審判に不服申立てをすることはできませんので注意が必要です。

◇任意後見制度

任意後見制度は、本人に十分な判断能力があるうちに、あらかじめ自らが選んだ代理人（任意後見人）に、自分の生活、療養看護や財産管理に関する事務について代理権を与える契約をするものです。公証人が作成する公正証書で契約を結びます。

本人の判断能力が低下した後、任意後見人が契約で決めた事務について、家庭裁判所が選任する「任意後見監督人」の監督のもと、本人を代理して契約などをします。

成年後見制度のデメリット

一見、ありがたい成年後見制度ですが、デメリットもあります。

①費用がかかる

成年後見制度は、審判の申立て等に費用がかかります。

申立てに要する実費は1万円弱ですが、鑑定が必要な場合には鑑定費用が別途かかります。鑑定費用はさまざまですが、10～20万円程度と言われています。このほか、申立手続きを専門家に依頼した場合、5～10万円程度の報酬がかかります。

また、後見人に司法書士、弁護士、社会福祉士等の専門職が選任された場合、その後、毎年、継続して報酬がかかります。報酬額もさまざまですが、管理財産（預貯金等）が1000万円を超え5000万円以下の場合、月額3～4万円が目安です。

②第三者が財産を預かる

専門職である第三者が成年後見人に選任されると、財産のすべてを管理されることがあります。Bさんの場合、アパートの契約はもちろん、修繕や管理も成年後見人等の判断で行うことになるため、息子に経営を引き継がせたいBさんの希望が叶わなくなります。

また生活費や医療費などの必要な支出もすべて成年後見人が行うため、その都度支出を依頼するという手間が発生します。

③本人のためにしかお金を使えない

成年後見制度は判断能力が低下した人の保護・支援を目的としているため、本人のための支出しか認められなくなります。たとえばBさんが、孫の誕生日に食事会を開く費用を払ったり、家族旅行に行く費用を負担したりといったことはむずかしくなります。

④投資的な支出ができなくなる

成年後見制度は現状維持を目指すものであるため、思い切った支出ができなくなります。たとえば収益アパートを売却して投資信託を購入するといった投資はもちろん、アパートの設備を最新のものに入れ替えて入居者を増やしたりといった積極的な投資もできなくなる可能性があります。修繕しかできないとなると、せっかくの収益物件の良さを活かせなくなるかも

法定後見制度の審判申立てに必要な費用

◉申立手数料および後見登記手数料

収入印紙	3,400円(内訳:800円分+2,600円)

＊ 保佐申立てや補助申立てで、代理権や同意権の付与申立てもする場合には、さらにそれぞれ800円分の収入印紙が必要

＊東京家庭裁判所ホームページより作成

◉送達・送付費用

審判書の送付や登記の嘱託などに必要な郵便切手

後見申立て	3,270円分 (内訳:500円×3、100円×5、84円×10、63円×4、20円×5、10円×6、5円×2、1円×8)
保佐・補助申立て	4,210円分 (内訳:500円×4、100円×5、84円×15、63円×4、20×5、10円×7、5円×4、1円×8)

＊東京家庭裁判所ホームページより作成

◉法定後見開始までの手続きの概略

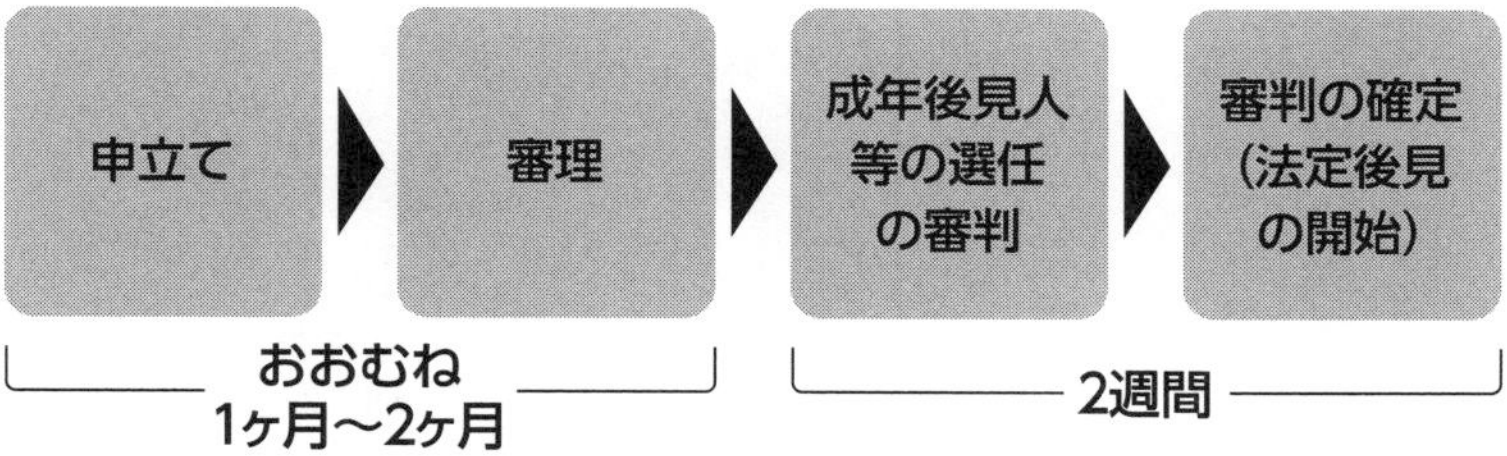

◉任意後見契約公正証書の作成費用

公正証書作成の基本手数料	1万1,000円
登記嘱託手数料	1,400円
その他	本人らに交付する正本等の証書代、登記嘱託書郵送用の切手代など

＊上記費用とは別に任意後見監督人選任の申立て費用が必要

＊契約の内容によっては任意後見人に対する報酬支払が必要

＊任意後見契約の発効後、任意後見監督人から請求があった場合には、家庭裁判所の判断により、報酬の支払いが必要

しれません。

⑤相続税対策ができなくなる

Bさんの死後は息子が相続しますが、その際に相続税がかかる可能性があります。これに備えて生前から相続税対策をすることがありますが、成年後見制度は本人の保護・支援を目的としているため、十分な相続税対策がとりづらくなります。

家族信託で解決を図る

このような後見制度のデメリットを解決し、Bさんの希望を叶えるなら家族信託のほうがよいでしょう。Bさんの場合、すでにアパート管理を息子が担っている部分があるため、家族信託で受託者を息子に設定して、受益者を自分にします。

- **委託者**……Bさん
- **受託者**……息子
- **受益者**……Bさん

アパートの管理を息子に任せたいBさん

委託者＝Bさん
受託者＝息子
受益者＝Bさん

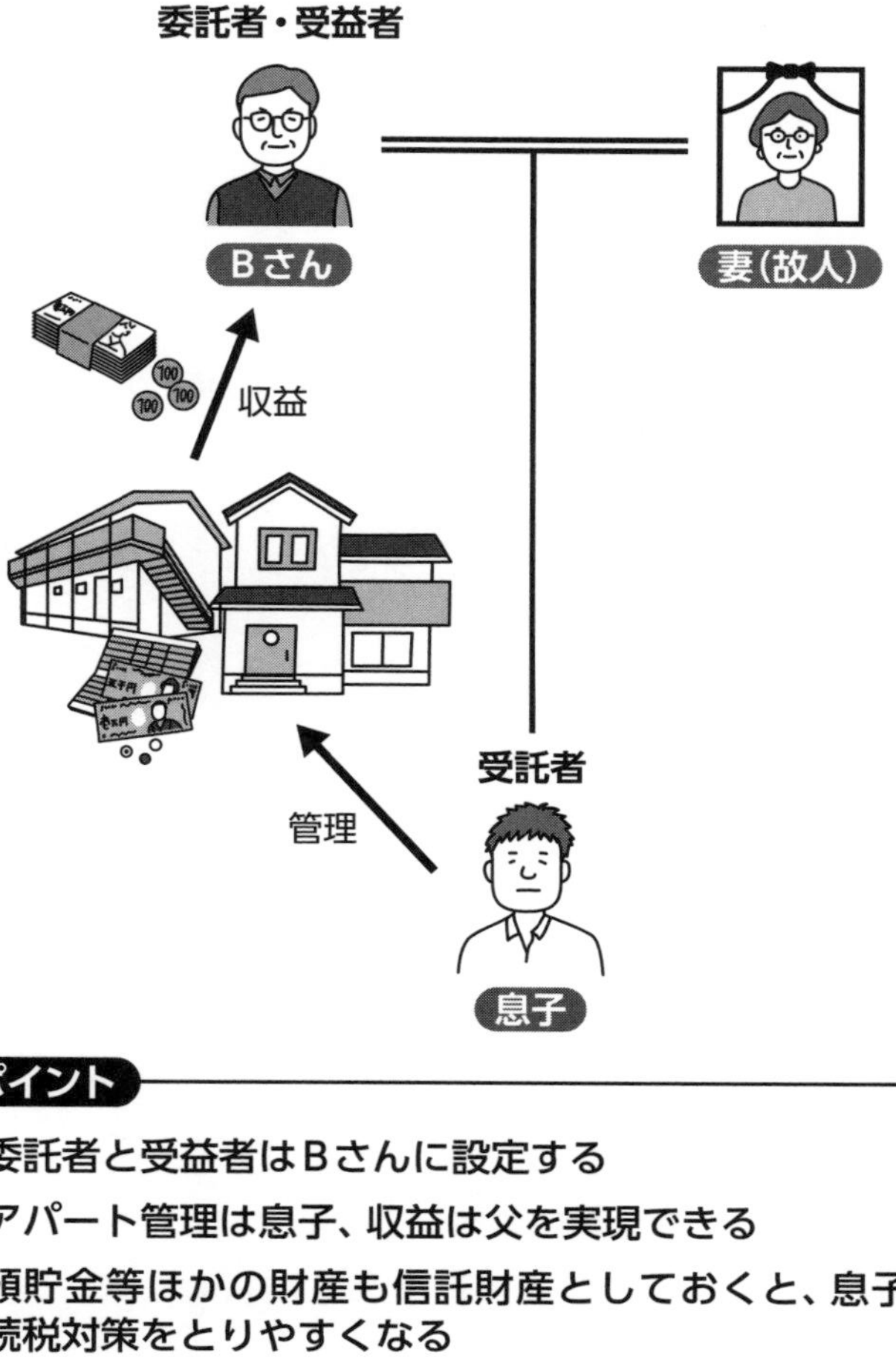

ポイント

①委託者と受益者はBさんに設定する
②アパート管理は息子、収益は父を実現できる
③預貯金等ほかの財産も信託財産としておくと、息子が相続税対策をとりやすくなる
④必ず、Bさんに判断能力があるうちに息子と信託契約をしなければならない

これなら、今後、認知症などで判断能力が低下した際にも受託者である息子の判断で大規模修繕を行ったり、売却して利益を得たりすることができます。

信託契約を結ぶ際には、アパートだけでなくその他の財産も信託財産にしておくと、さらに安心です。認知症等で判断能力が低下したときにも息子が管理してくれますし、息子に財産を明らかにしておけば相続税対策もとりやすくなります。

なお、Bさんが認知症などで判断能力を失ってしまうと信託契約ができなくなってしまいます。必ずBさんの意思がはっきりしているうちに、息子と信託契約をしなければなりません。

3

受益者連続型①

未来にわたって財産の承継を指定できる

事例　同居の次男と疎遠の長男がいるCさん

80歳男性のCさんは、先祖代々、引き継いできた土地に自宅兼賃貸マンションを建て、次男家族と同居しています。近隣にはほかにも賃貸アパートが2件あります。

Cさんが過去に病気を患ったときに次男夫婦が入院の世話をしてくれたり、次男はサラリーマンをしながら賃貸経営も手伝ってくれているので、Cさんは収益物件を次男に、さらに将来は同居する孫（Cさんの子供）に引き継いでほしいと考えています。

Cさんには遠方で暮らす長男もいます。長男は大学進学で実家を出て以来、疎遠になっていて、あまり行き来がありません。長男も結婚して家庭を持っていますが、孫（長男の子供）に会ったのは1度だけ。連絡をしても「忙しい」と邪険にされるので、もう10年ほどろくに話もしなくなってしまいました。

将来、地元に戻ってくるつもりもないようですが、それでも先祖から引き継いだ土地を長男と次男が二分することにCさんは納得がいかないと感じています。長男が土地を相続したら、すぐに売却してしまうことが予想されるからです。

家族信託のメリットを最大限に享受しよう

Ｃさんのようなケースでは家族信託がぴったりです。というのも、**家族信託の「受益者連続型」を活かすことができます。**

これまで、自分の死去後の相続について意思を遺すには、遺言書が主な手段でした。遺言書は原則として自分の死去後の相続に限り法的な効力を持ちます。そのため、自分の死去後の相続についてはそれでよいのですが、自分の財産を相続した相続人の死去後までは財産の承継者を指定できません。つまり、主に親から子へと、一代限りの財産の承継者を指定できるのが遺言書です。

これに対して、**家族信託であれば二代、三代と、未来に財産を承継する方法を指定できます。**家族信託は、相続の常識が変わると言っても過言ではないほど、インパクトのあるものなのです。

改めて、Ｃさんの家族関係について考えてみましょう。

仮に、遺言書でＣさんが持つ収益不動産を次男に引き継いだとします。もちろん長男も法定相続人ですから、遺留分（１５２ページ）に配慮して、相当する預貯金は長男に相続させるようにしました。

将来の財産の行方が気がかりなCさん

委託者＝Cさん
当初受益者＝Cさん
受託者兼第三受益者＝Xさん
第二受益者＝次男
第三受益者＝Yさん
信託財産＝先祖代々の土地、収益マンション

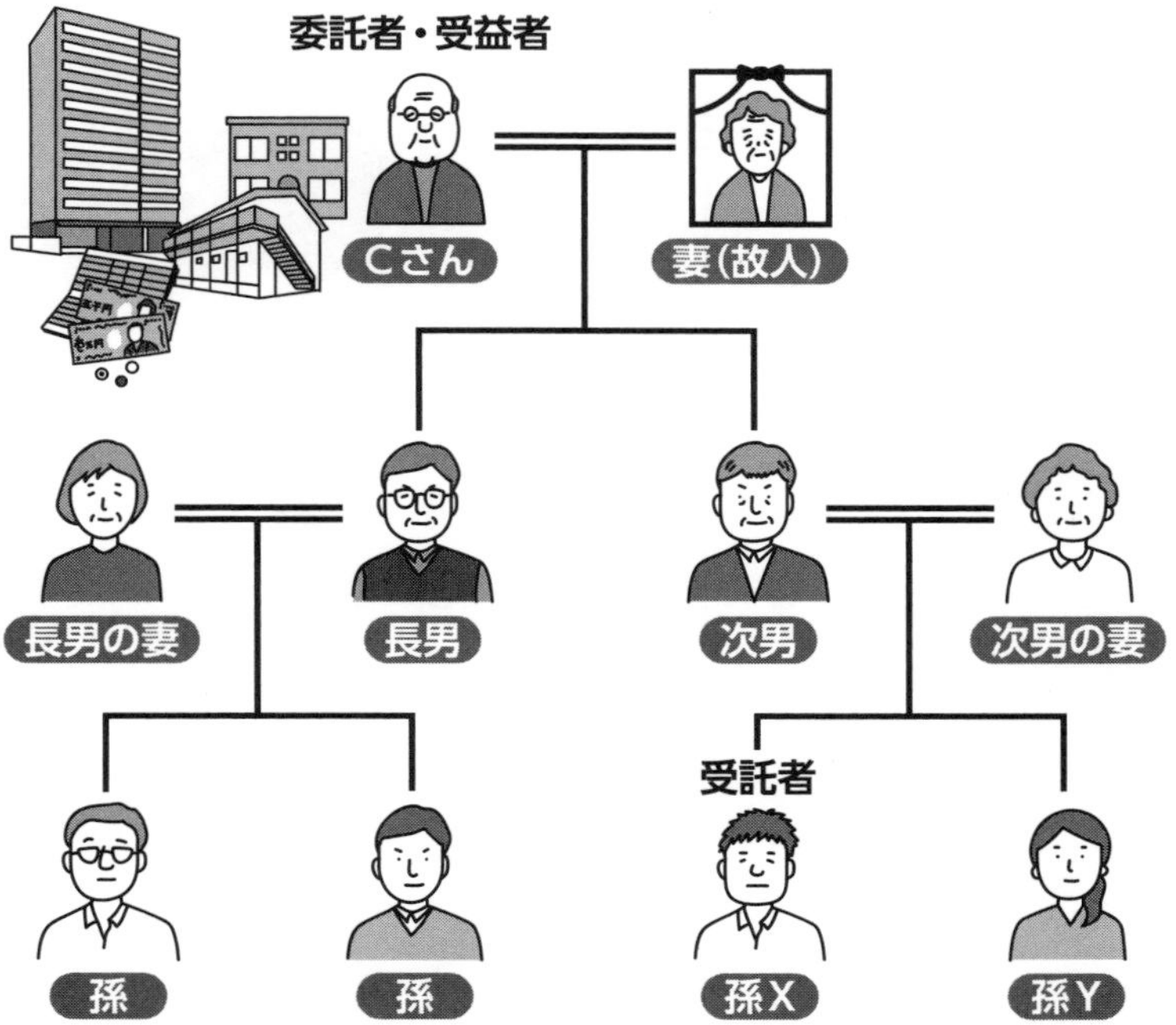

ポイント

①受託者をCさんの孫のXさんにする
②将来の受益者まで指定できる
③まだ存在しない子供も指定できる

ここまではCさんの希望どおりですが、将来Cさんの次男が死去すると、法定相続人は次男の妻と2人の子供（Cさんにとっては孫XとY）になります。この3人の相続資産の分割までは遺言書では指定できません。

ところが、家族信託ではCさんの次男が死去した際の次の受益者についても指定することができます。たとえば「孫Xには自宅兼賃貸マンションから生じる賃料収入、もう1人の孫Yには賃貸アパート2件から生じる賃料収入」などと、将来にわたる家族信託契約にすることができるわけです。

この場合のしくみはさまざま考えられますが、たとえば次のようなものがあります。

- **委託者**……Cさん
- **受託者**……孫Xさん
- **受益者**……Cさん
- **第二受益者**……次男
- **第三受益者**……孫X、孫Y

このように、連続して受益者を指定することができ、「次男の子供たちに先祖代々の土地を引き継いでほしい」というCさんの希望を叶えることができます。

家族信託の特徴として、「まだ生まれていない未来の子孫」を指定することもできます。Cさんのケースでは、孫Yが次男より先に死亡している場合は、代わりにまだ生まれていない孫Yの子を指定することができます。

これは、たとえば「現在生まれている孫には財産を承継させて、自分の死後に生まれる孫には何もない」といった不公平感を解消できるしくみと言えるでしょう。

信託監督人をつけることもある

特に将来にわたって長期間続く家族信託の場合、受託者とは別に「信託監督人」を置くこともあります。信託監督人は、信託の目的に沿っているかどうか、受益者に代わって受託者を監督する役割の人です。

未成年者などは信託監督人になることはできませんが、基本的には誰を指定してもよく、司法書士等の専門家に依頼することもあります。誠実で公平さが求められる役割です。

4

受益者連続型❷

障がいのある子供に生活保障できる

事例

障がいのある娘の生活が心配なDさん

Dさんは夫に先立たれた80歳の女性です。夫から相続した収益マンションの家賃収入と預貯金、年金で生活していますが、自宅で障がいのある長女と同居しています。長女は自分の身の回りの世話はできますが、自身で収入を得ることが難しく、現在はDさんの扶養家族として生活している状況です。

最近ではDさんの健康状態も思わしくなく、自身の生活に不安を抱えている状態です。この先、認知症を患ったりすると財産の管理もできなくなるうえ、長女はDさんの介護ができるわけではないので介護施設への入居も検討しています。しかし、そうなると長女の生活も気にかかります。

死去後の長女の生活費はどう賄えばよいのか、またその管理はどうすればよいかについても思案しています。

とはいえ、同じ市内に居を構える長男には、最終的に財産を相続させたいという気持ちもあります。

長男を受託者にした家族信託を

Dさんの心配ごとを整理しましょう。

- 自身の判断能力が衰えた、または健康を維持できなくなった際の生活
- 自身が前述の状態になった場合の長女の生活
- 自身の死去後の長女の生活費
- 長男と長女を平等にしたいという希望

Dさんのようなケースでも、家族信託ならば悩みを解決することができます。Dさんの収益マンション、預貯金、自宅という財産を信託財産にした家族信託を契約するのです。

- **委託者**……Dさん
- **受託者**……長男
- **受益者**……Dさん、長女
- **第二受益者**……長男、長女

受託者は長男で、受益者連続型にすることがポイントです。Dさんが認知症を患ったりしたときに備えて、財産の管理を長男に託しましょう。生前は受託者が管理する信託財産から給付されるお金で生活を賄うこともできますし、認知症などを原因として生活が困難になった場合には、信託財産から施設等への入居費用を捻出するように契約をしておきます。

Dさんが施設に入居したりした場合には、Dさんの扶養家族である長女の生活費等を信託財産からあてることも契約しておきます。

Dさんの死後は、受益者が長男と長女になりますので、長女の生活費も引き続き信託財産から賄えます。長女も基本的に身の回りのことはできるため、適切に生活費が渡るようにしておけば一安心です。万が一、生活が困難になってきたら施設等への入居費用もなんとかなりそうです。

信託終了事由をDさんと長女の死亡時としておけば、長女の死去後は長男がすべての信託財産を取得することができます。

障がいを持つ娘の生活を心配するDさん

委託者＝Dさん
受託者＝長男
受益者＝Dさん、長女
第二受益者＝長男、長女

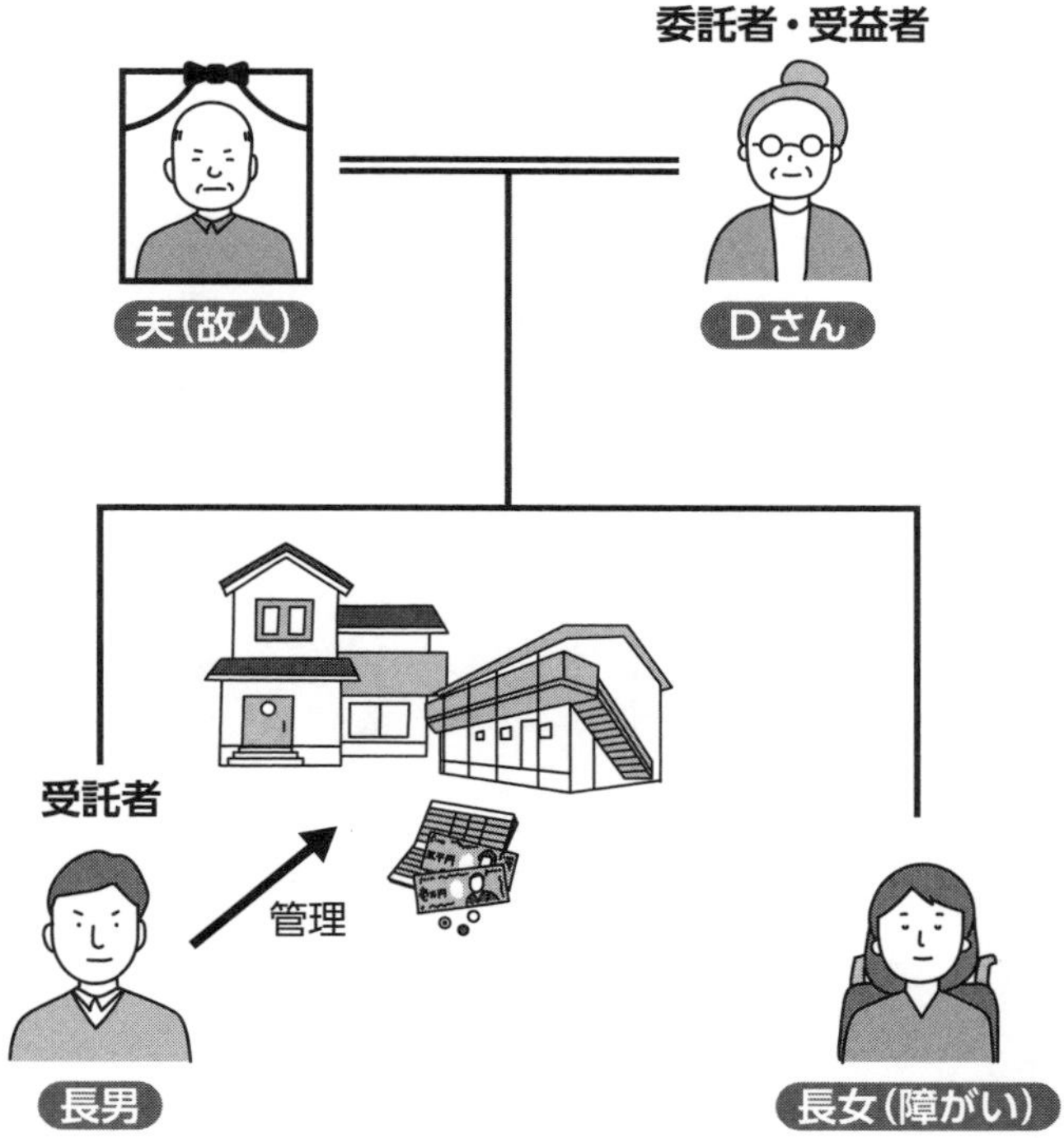

ポイント

①当初受益者をDさんと長女に設定する

②第二受益者は長男と長女

③Dさんと長女の死去後は信託が終了し、すべての財産は長男へ

5

自己信託

自分が委託者であり、受託者にもなれる

事例

健康に不安のある子供を持つ焼肉店経営者Eさん

Eさんは早くに夫に先立たれ、生活のために焼肉店を開きました。幸い、焼肉店はうまく軌道に乗り、2店舗目も開業しています。63歳になった現在、4000万円の預貯金もできました。

ただし、一方で2店舗目の開店資金として借入金も残っています。

そんなEさんには35歳の娘がいますが、幼少の頃から持病がありました。治療は一生続き、定期的な検査入院などが必要なので、就職はせず、健康状態のよいときはEさんの店を手伝いながら生活しています。

Eさんはそんな娘を心配して、できる限りの財産を残したいと考えていますが、自身もまだ若く、老後の資金も必要です。今はうまくいっている焼肉店も、将来の経営状況まではわかりません。

また、元気なうちは財産を自分で管理したいという気持ちもあります。どのような手段があるでしょうか。

家族信託のメリットを享受できる自己信託

家族信託には「自己信託」というしくみをとることもできます。**自己信託とは、委託者自らが受託者となり、他人である受益者（Eさんの場合は娘）のために委託者が自己の財産を管理・処分等する方法です。**

ここでポイントになるのは、委託者が自分の財産を自分で管理することです。一見、家族信託にする意味がないように見えるかもしれませんが、**「自分の財産を、個人の財産とは切り離して管理できる」という点に特徴があります。**

そのため、Eさんのように「借入金がある一方で財産もある」場合などは、個人のマイナスの財産である借入金と、信託財産を分けることができます。

たとえば焼肉店にトラブルがあったり、経済状況が変わったりして、経営がうまくいかなくなった場合、通常であれば預貯金など自身の財産から返済をする必要があります。Eさんの資産が減少し、娘に財産を残せなくなる可能性もあるわけです。

一方で、**信託財産として現在の預貯金を信託しておけば、焼肉店が倒産したりしても信託財産が影響を受けることはありません。**この点に大きなメリットがあるわけです。

自己信託の特徴は、登場人物が少ないということもあります。委託者＝受託者となりますので、1人で契約が完結するということです。受益者となる第三者を含めても2人しか登場しません。非常にコンパクトな家族信託となります。

Eさんの場合、次のようなしくみになります。

- **委託者**……Eさん
- **受託者**……Eさん
- **受益者**……娘

Eさんは、預貯金4000万円のうち、2500万円を娘を受益者とした信託財産にすることにしました。残り1500万円は自身の老後のため、また経営悪化等に備えるためにも手元に残してあります。老後を過ごすのにはまだ不安が残る額ですが、今のところは焼肉店もうまくいっているため、これからまた資産を築こうと張り合いが出たそうです。

税金の取扱いは？

Eさんの家族信託は委託者がEさんで、受益者が娘です。このように**委託者と受益者が異なる場合、「委託者から受益者への贈与」とみなされますので、原則として贈与税（74ページ）**

負債も資産もあるEさん

委託者＝Eさん
受託者＝Eさん
受益者＝娘

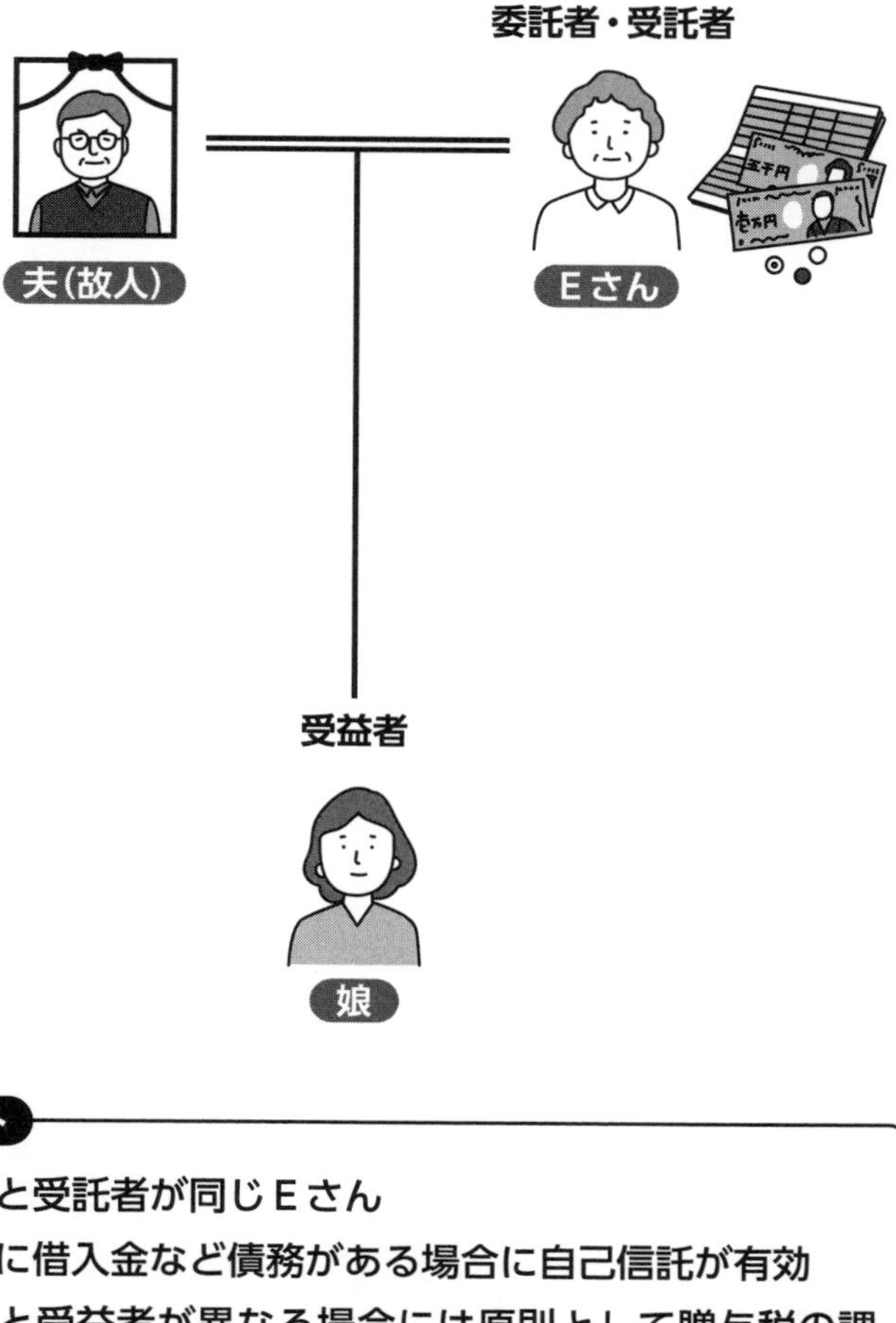

ポイント

①委託者と受託者が同じEさん
②委託者に借入金など債務がある場合に自己信託が有効
③委託者と受益者が異なる場合には原則として贈与税の課税対象となる

の課税対象となります。課税されるのは、受益権を得たときです。

ただし、Eさんの場合は「相続時精算課税制度」を利用することができます。**相続時精算課税制度とは、60歳以上の祖父母や父母から20歳以上の子供や孫に贈与をする場合に、2500万円まで贈与税が非課税となる制度です。**2500万円を超えた部分に課税され、税率は超えた部分に一律で20%となっています。

Eさんのケースでは、Eさんが63歳、娘が35歳ですから要件を満たしています。また、信託財産も2500万円ですから、贈与税は非課税となります。

とはいえ、**「相続時精算課税制度」は、贈与する人（この場合Eさん）が死亡して相続が発生した際に、精算して相続税が課せられる制度です。**贈与で受けた金額を、相続財産に加算して相続税を計算する必要があります。生前に受けた贈与にかかる贈与税を、相続時に相続税として繰り延べる制度と言えるでしょう。

6

事業承継対策❶

長男に会社を継がせたい経営者

事例 自社株の承継に悩むFさん

Fさんは製造業を営む会社の経営者で、72歳になります。長男は45歳で専務として会社経営に携わってきました。

そろそろ自分は引退して長男に会社を継がせたいと考えているのですが、むずかしいのが自社株の問題です。経営を引き継ぐ際に自社株も息子に引き継げればよいのですが、贈与税の対象となってしまいます。

そうはいっても、自分の健康状態、判断能力がいつまで保てるかわからず、早めに事業承継したほうがよいと、考えは堂々巡りです。

自社株の承継にはどのような方法があるのでしょうか。

また、Fさんには妻と長男のほかに娘が2人います。娘は2人とも別の仕事に就いており、長男が会社を引き継ぐことは納得しているようです。とはいえ、相続の配分も気になっています。

中小企業の自社株は悩みのタネになりやすい

企業の後継者問題に悩む中小企業は多いので、頼りになる長男がいる点ではFさんは恵まれているかもしれません。

ただし、後継者に恵まれても自社株の問題は別。多くの中小企業で自社株の承継は悩みのタネになりやすいのです。というのも、中小企業では株式のほとんどを創業社長が保有していることが多く、この承継にはさまざまなハードルが待ち構えています。

❶生前贈与をすると贈与税が高額になることが多い

経営者が保有している自社株を後継者に贈与すると、事業承継としてはスムーズですが、生前贈与となりますので、事業承継税制を利用しない場合は贈与税の納税資金を準備しなければなりません。

特に一度に贈与すると高額になりやすく、後継者にとっては納税が重荷になるでしょう。かといって、毎年少しずつ贈与をするには長い期間がかかってしまいます。その間に経営者が認知症を患えば贈与ができなくなりますし、死去してしまえば相続の対象になります。

家族関係によっては、思いもよらない人が自社株を保有することになり、その後の会社経営に影響を及ぼしかねません。

❷後継者が自社株を買い取るには多額の資金が必要

経営者が保有している自社株を、後継者が買い取る方法もあります。後継者に確実に自社株を渡せる方法ですし、経営者も多額の売却益を手にすることができる方法です。

しかし反面、後継者には多額の買取費用が必要になるということでもあります。一般的に、自社株の買取には融資を受けることが多く、後継者の負担はかなり大きくなるでしょう。

また、経営者に譲渡所得税がかかる可能性があるというデメリットもあります。

❸相続は家族間の問題になりやすい

実質的な経営権は後継者に譲っても、自社株は経営者が死去するまで保有する方法もあります。ただしこの場合は、自社株が相続財産となってしまいますので、ほかの相続人次第では後継者1人で自社株を引き継ぐことがむずかしくなる可能性があります。

また、死去前に認知症を患うなど判断能力が低下してしまうと、株主総会などの運営にも影響してしまいます。

家族信託を利用した自社株の引き継ぎ

家族信託を利用して、自社株を引き継ぐ方法もあります。Fさんの場合、次のようなしくみが考えられます。

- **委託者**……Fさん
- **受託者**……長男
- **受益者**……Fさん
- **第二受益者**……長男

Fさんの場合、信託財産は自社株のみです。受託者は長男ですから、長男が議決権を行使することになります。これは、**長男が会社の実権を握ったことを意味します。**

一方で、**受益者はFさん自身ですので、株の配当はFさんが受け取ります。**配当という収入に対してはFさんが所得税を支払いますが、長男に贈与税が課せられることはありません。

Fさんの死後は、第二受益者に指定されている長男に受益権が移ります。この時点で株の配当を受け取る権利が移転するので相続税の課税対象となりますが、一般的に贈与税よりも相続税のほうが安くなるため、税制のメリットを受けられます。

また、相続人である妻と2人の娘に自社株を相続させる可能性がなくなるのもメリットです。妻と2人の娘には、別途作成した遺言書で相応の財産を相続させる旨を記載し、納得を得てい

自社株の引き継ぎに悩むFさん

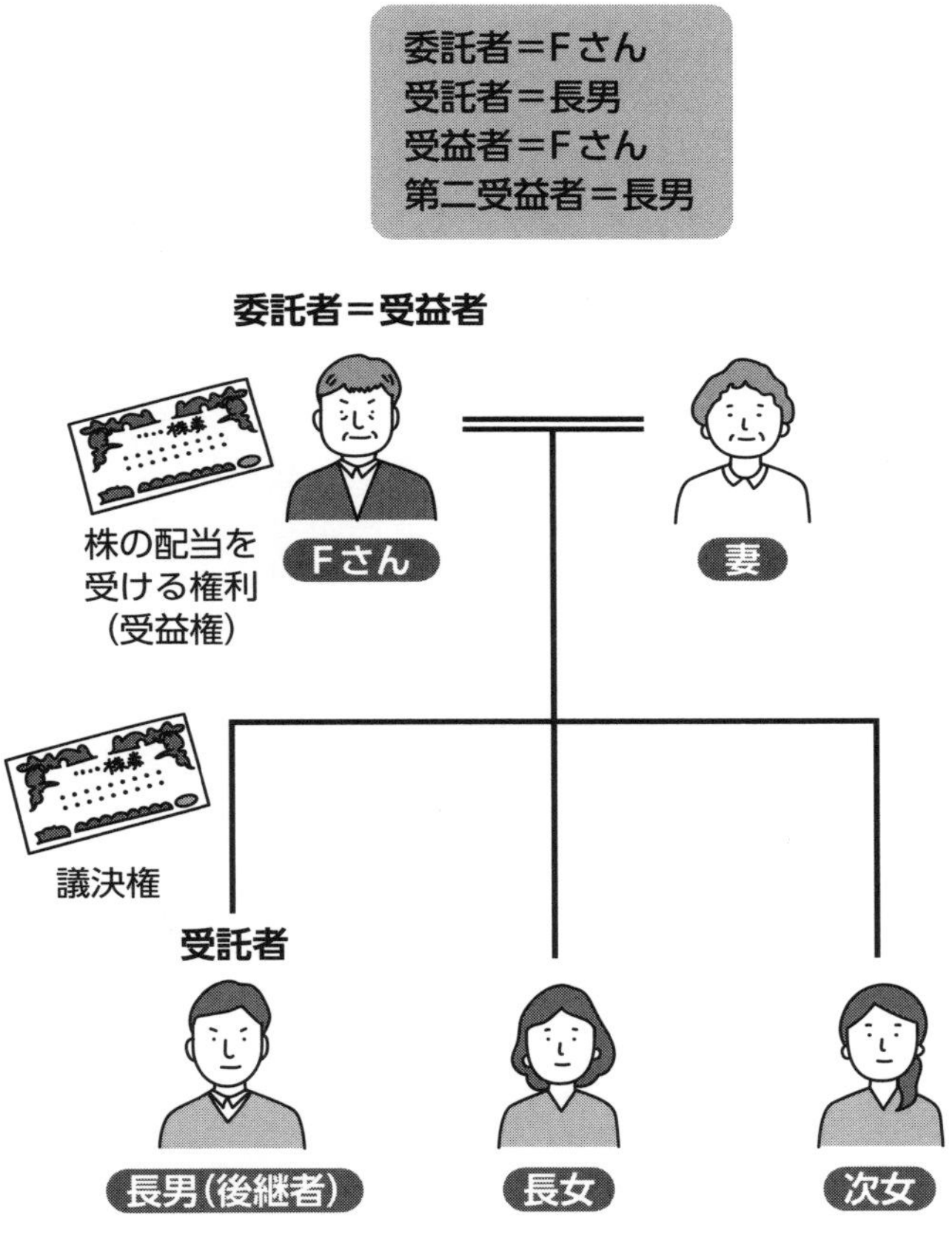

ポイント

①受益者をFさんにすることで議決権と株の配当を受ける権利（受益権）を分ける
②自社株が長男に完全に引き継がれるのはFさんが死亡したとき
③負担が大きくなりがちな贈与税ではなく相続税で処理できる

ます。

この家族信託のポイントは、株式を「議決権」と「受益権（＝配当の受け取り）」に分けることです。実質的な会社の経営を後継者に任せたうえで、将来的には配当を受け取る権利も後継者に引き継げる方法と言えます。

7

事業承継対策②

息子を経営者として育てたいなら

事例

息子がまだ若く、経験が浅いことに悩むGさん

Gさんは販売業の会社を経営する経営者です。65歳になったことで、加入している保険組合から前期高齢者として扱われる保険証が届きました。自分では若いつもりですが、一般社員であれば定年退職する年齢であることを強く意識し、息子に経営をバトンタッチすることも考え始めました。

しかし息子はまだ35歳と若く、大学を卒業してからしばらくは他社で働いていたためGさんの会社に入社してまだ5年です。周りからは「優秀だ」と評判ですが、すぐに経営をすべて任せるほどの経験がありません。

Gさんもまだしばらくは会社経営に意欲的に挑める体力を保持していますが、Gさんには経営者は若いほうがいいという考えもあります。Gさんが息子を経営者として育てながら、少しずつ経営を任せていくことが理想ですが、実現できる方法はあるのでしょうか。

Gさんに指図権を持たせる

まだ未熟な後継者を育てながら少しずつ経営を任せていきたいGさんのケースでも、家族信託の利用は有効です。家族信託の形は、119ページのFさんと同様になります。

- **委託者**……Gさん
- **受託者**……息子
- **受益者**……Gさん
- **第二受益者**……息子

この形の家族信託を利用することで議決権は息子に移りますが、**後継者がまだ未熟なのでGさんに指図権を持たせる**ことがポイントになります。

指図権とは、受託者（Gさんの場合は後継者である息子）に指図できる権利のことです。自社株の場合、株式の議決権の行使についてGさんが息子に指図をすることができます。

これで、経営に対する影響力を保持するわけです。会社の実権をすべて息子に譲り渡すのではなく、後継者の成長や状況等を見ながら少しずつ実権を渡していく方法と言えます。

息子が成長してきたと感じたら、指図権を行使する回数を減らしていけるので、**Gさん自身**

未熟な後継者を育てたいGさん

委託者＝Gさん
受託者＝息子
受益者＝Gさん
第二受益者＝息子

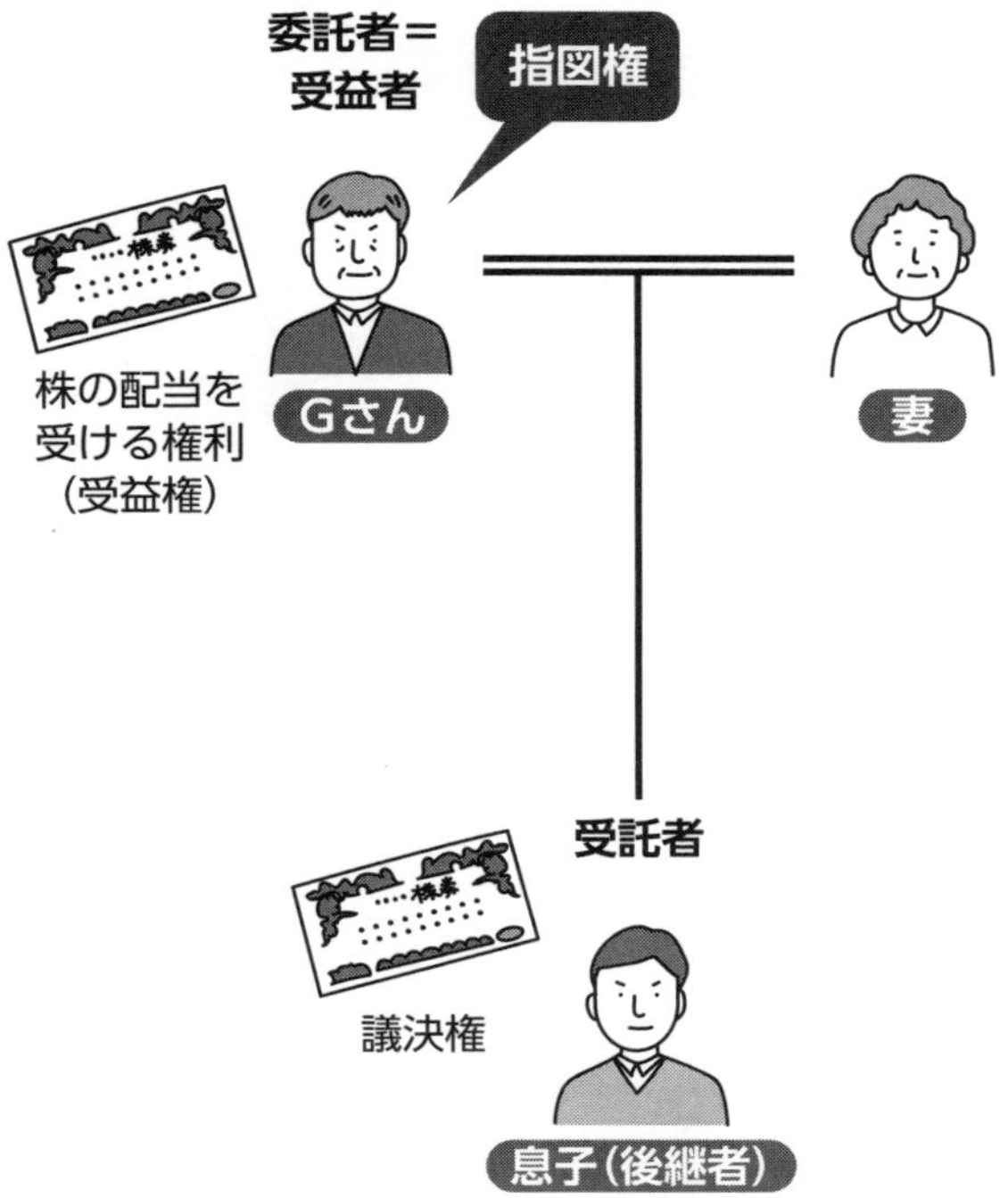

ポイント

①Gさんに指図権を持たせることで経営への影響力を残せる
②後継者の成長を見ながら経営への関わりをコントロールできる
③後継者が不適格だとわかった時点で家族信託を終了させる

の経営への関わり具合を自由に采配できることになります。

一方で、Ｇさんの判断能力が低下したり、病気やケガで経営に携わることがむずかしくなった場合には、息子が受託者として議決権を行使できますので、経営に空白を作らずにすみます。

なお、指図権は信託法で規定されているものではありません。あくまで信託契約の中で内容を決めるものとなっています。

後継者としてふさわしくないと判断したら？

経験の浅い後継者の場合、残念ながら経営者に指名した後で「やはりふさわしくなかった」と気づくこともあるでしょう。このようなケースでも家族信託が有効です。

後継者への贈与や売却で自社株を渡すと、後継者が不適格でもすでに議決権がないためにもとの経営者はどうすることもできなくなります。

また、後継者が途中で自ら経営者の座を降りてしまった、後継者が病気やケガになったという場合でも、自社株がすでに後継者のものになっていたら、経営者不在となってしまいます。

一方で、家族信託の場合、信託契約の内容次第でこのような事態に備えることができます。

たとえば後継者が経営者として不適格だと感じたらすぐに家族信託を終了させることで、自社株はもとの経営者に戻ります。

つまりもとの経営者がすぐに会社の実権を握ることができるわけです。

このような事態に備えられるのも、比較的自由にしくみづくりができる家族信託ならではと言えます。

第4章

家族信託を活用するための相続・贈与の基礎知識

1 相続人になる人を知っておこう

財産を引き継ぐ人を相続人という

人が亡くなったとき、その故人の財産を引き継ぐ人は民法によって定められています。これを「法定相続人」といいます。

まず、**常に相続人となるのは「配偶者」です。次は優先順位が定められていて、最上位の者だけが相続人となります。**

- 第1順位……子供
- 第2順位……親
- 第3順位……兄弟姉妹

たとえばある男性が亡くなったとき、その妻と子供が法定相続人になります。子供がいない場合には、妻と親が、親がすでに亡くなっている場合には妻と兄弟姉妹が法定相続人になります。

これ以外にも、亡くなった人が遺言書を遺している場合には、その遺言書に記載されている人も財産を引き継ぐことができます。おじ、おば、いとこ、特にお世話になった人などに財産を渡したい場合には、遺言書が必要というわけです

なお、遺言による贈与のことを「遺贈」といいます。

財産の配分は法定相続分が目安

遺言書がない場合、**どの相続人が、どの財産を、どれぐらい相続するか話し合う遺産分割協議を行います。**その際は、法定相続分を参考にするとよいでしょう。**法定相続分とは、民法で定められている遺産の分け方の目安のことです。**

法定相続分は、大きく「配偶者がいる場合」と「配偶者がいない場合」で分かれます。

◇配偶者がいる場合

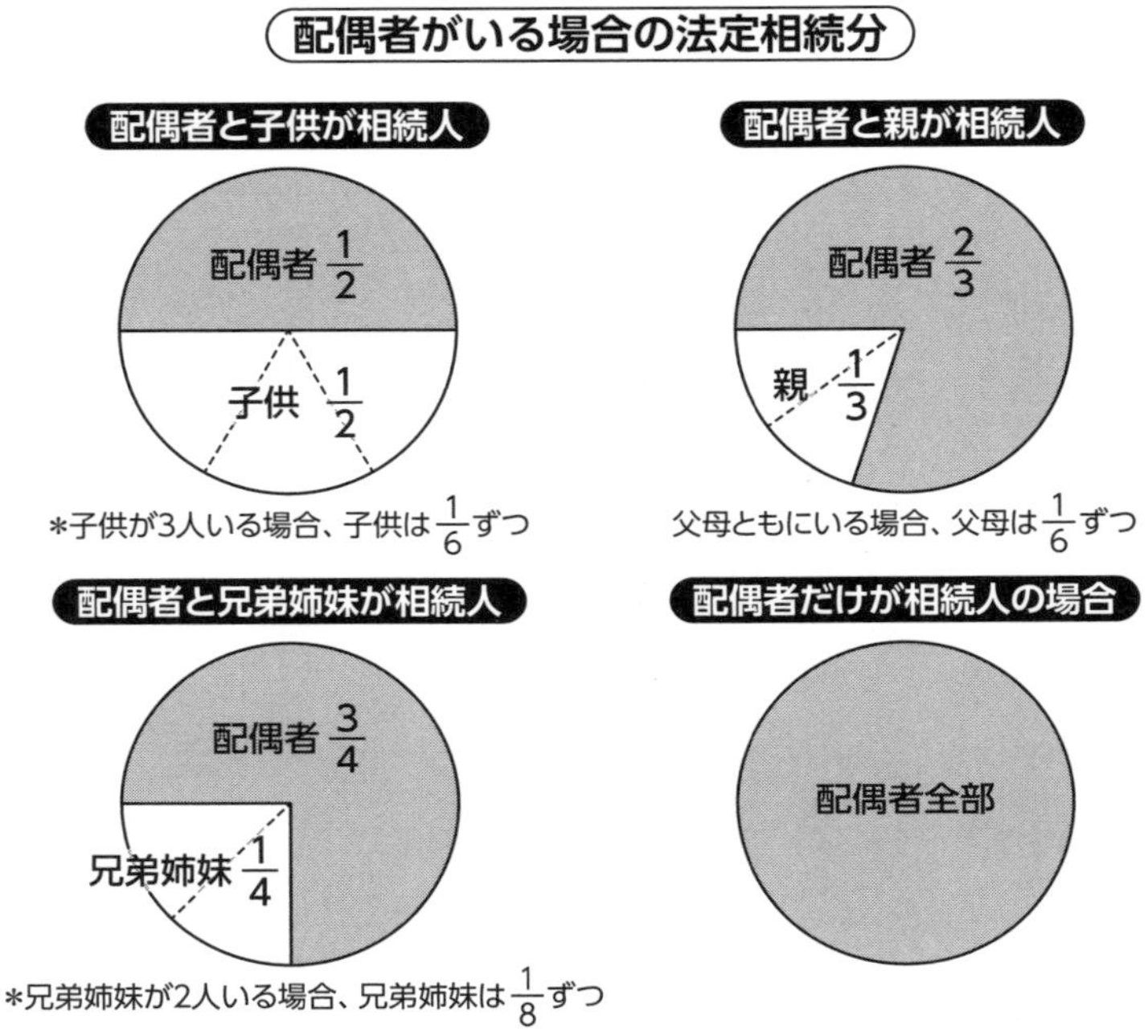

- **配偶者と子供が相続する場合**……配偶者が2分の1、子供が2分の1
- **配偶者と親が相続する場合**……配偶者が3分の2、親が3分の1
- **配偶者と兄弟姉妹が相続する場合**……配偶者が4分の3、兄弟姉妹が4分の1
- **配偶者のみが相続する場合**……配偶者が全部

◇配偶者がいない場合

- **子供が相続する場合**……子供が全部
- **親が相続する場合**……親が全部
- **兄弟姉妹が相続する場合**……兄弟姉妹が全部
- **法定相続人がいない場合**……相続人なし

ただし、法定相続分はあくまで目安であることに注意が必要です。必ずしも法定相続分どおりの分割でなくてもかまわないため、逆に遺産

配偶者がいない場合の法定相続分

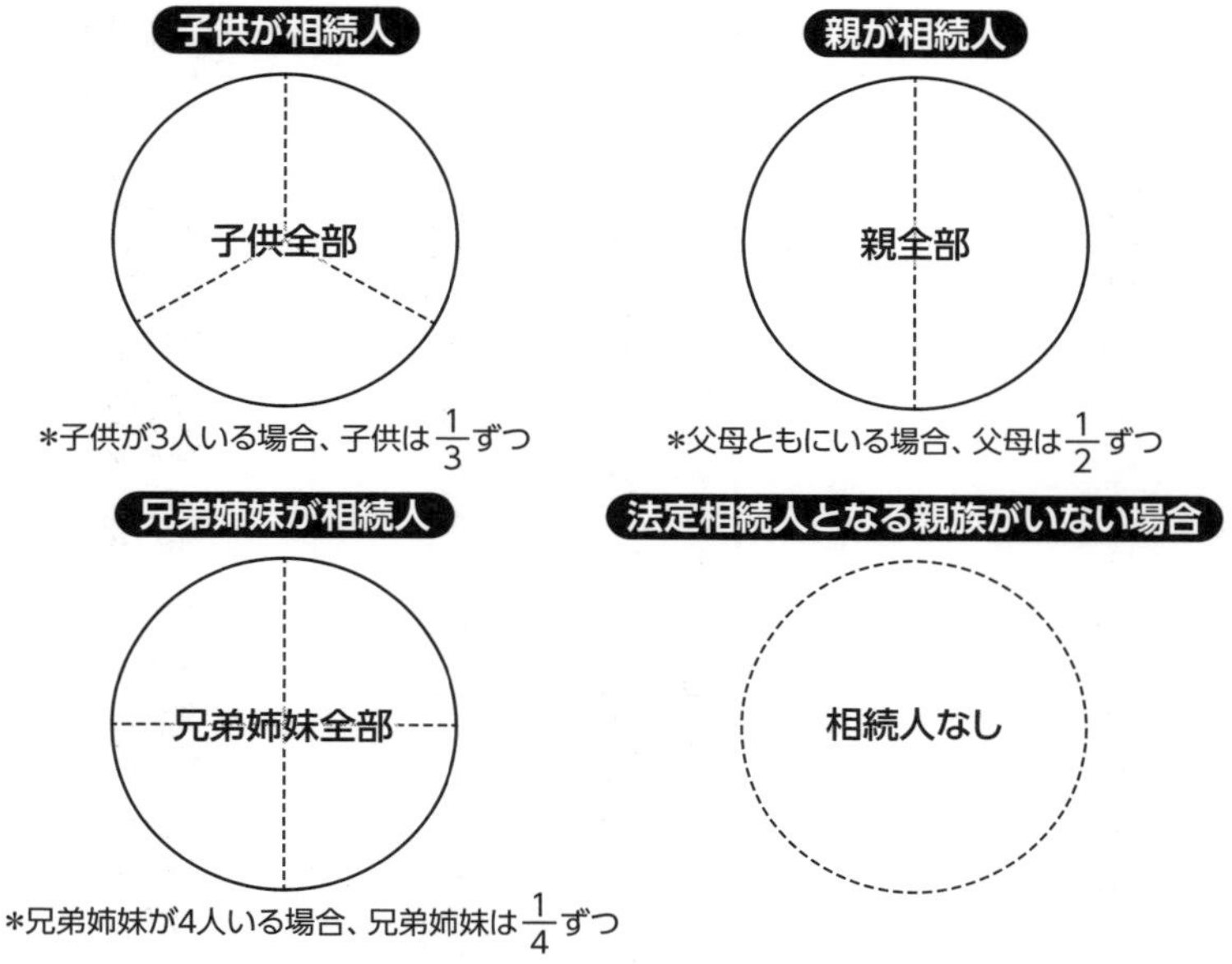

＊子供が3人いる場合、子供は$\frac{1}{3}$ずつ

＊父母ともにいる場合、父母は$\frac{1}{2}$ずつ

＊兄弟姉妹が4人いる場合、兄弟姉妹は$\frac{1}{4}$ずつ

分割協議がこじれてしまうこともあります。

また、主な相続財産が不動産という場合は、分割しづらいこともあり、相続人の間で不公平感が生まれてしまうこともあります。

話し合いがこじれてしまった場合は、家庭裁判所に調停を申し立てて、調停委員を介して話し合いを進めることになります。親族同士の争いに発展してしまうという残念な結果を招かないようにしたいものです。

また、遺言書がある場合には、法定相続分ではなく、原則として遺言書に記された故人の意思に従った分割になります。

2 相続税の対象となる「財産」とは？

相続税がかかる財産とかからない財産がある

相続税は「相続や遺贈などにより取得した財産」に対して課せられます。**原則として、「金銭に見積もることができる経済的価値のあるものすべて」が相続税の課税対象となりますが、一部「相続税がかからない財産」もある**ことに注意してください。

相続税がかかる財産で代表的なのは、現金・預貯金・不動産・有価証券などですが、借地権・非上場株式・貴金属・ゴルフ会員権なども対象となるので見落とさないようにしましょう。

借金等のマイナスの財産も相続される

相続人は、被相続人の一切の財産を受け継ぎます。そのため、次のようなマイナスの財産も

相続税の課税対象となる財産とならない財産の代表的なもの

相続税がかかる財産	現金・預貯金
	不動産（土地、建物）、借地権
	有価証券（株式、国債、投資信託など）
	ゴルフ会員権、リゾート会員権
	車・骨董品・貴金属などの動産
	被相続人の死亡前３年以内に贈与により取得した財産
	相続時精算課税制度（172ページ）の適用を受けた財産
相続税がかからない財産	墓地、墓石、仏壇、仏具、神棚など日常礼拝をしているもの
	宗教、慈善、学術、その他公益を目的とする事業に使われるのが確実なもの
	相続税の申告期限までに国、地方公共団体、特定の公益法人等に寄付したもの
	生命保険金の非課税枠（法定相続人の数×500万円）
	死亡退職金の非課税枠（法定相続人の数×500万円）

相続されることに注意が必要です。

- 各種の借入金
- 住宅ローンや車のローンなど
- クレジットカードの未払金
- 医療費や水道光熱費などの未払金
- 他人の借金の連帯保証人になっている場合には保証債務

財産の状況によっては、プラスの財産よりマイナスの財産のほうが多く、相続人に大きな負担がかかってしまうこともあるでしょう。

このような場合には、家庭裁判所で手続きをして、「相続をしない」という選択をすることもできます。

相続の際に相続人がとれる方法は、

相続人がとれる３つの方法

	概要	手続き期限
単純承認	プラスの財産もマイナスの財産もすべてを引き継ぐ方法。もしプラスの財産よりマイナスの財産のほうが多ければ相続人自身の財産から返済する。	特になし
限定承認	プラスの財産の範囲内でマイナスの財産を引き継ぐ方法。マイナスの財産をプラスの財産の中から支払うため相続人の手もとには残らない可能性があるが、支払いきれなかった債務の返済義務を負うことはない。	相続開始を知った日から３ヶ月以内
相続放棄	プラスの財産もマイナスの財産もすべて引き継がない方法。相続人は債務の返済義務を負わない。	相続開始を知った日から３ヶ月以内

3つあります。

・単純承認
・限定承認
・相続放棄

なお、相続放棄をした場合、次の順位の相続人に借金や未払金の請求がいく可能性があるので注意が必要です。次の順位の相続人にあらかじめ事情を伝えて、その人たちにも相続放棄の手続きを案内するとよいでしょう。

3 「相続財産」とみなされるものもある

みなし相続財産とは

相続税は被相続人が有していた財産にかかる税金ですが、そうでないものも対象になります。たとえば生命保険の死亡保険金は、被相続人が有していた財産ではありません。しかし、被相続人の死亡に起因して支払われるため、実質的に被相続人の財産とみなされて、相続税の課税対象となるわけです。

このような財産を「みなし相続財産」といい、次のようなものがあります。

- **生命保険金**……被相続人が保険料を負担していた保険で、被相続人の死亡によって支払われる死亡保険金、死亡共済金
- **死亡退職金**……被相続人が受け取るはずだった退職手当金等で、死亡後に遺族に支払われるもの

・**生命保険契約に関する権利**……被相続人が保険料を負担していた生命保険契約で、相続発生時にまだ保険事故が発生していないもの
・**定期金に関する権利**……被相続人が保険料を負担していた個人年金保険等で、相続発生時にまだ年金の給付が開始されていないもの

なお、生命保険金には非課税枠が用意されています。

[500万円×法定相続人の数=非課税枠]

生命保険金の受取人が相続人の場合、すべての相続人が受け取った保険金の合計額が、この計算式で算出された非課税枠を超える際に、その超えた部分が課税対象となります。たとえば、法定相続人が2人で、生命保険金が合計5000万円だった場合、非課税枠は1000万円（500万円×2人）となり、超えた4000万円が課税対象となるわけです。

4 相続税の計算方法

基礎控除額は法定相続人の数で決まる

相続税の計算の基本的な流れは次のとおりです。

❶課税遺産総額を計算する

［遺産総額－基礎控除額＝課税遺産総額］

基礎控除額は、次の計算式で求めます。

［3000万円＋600万円×法定相続人の人数＝基礎控除額］

たとえば法定相続人が配偶者と子供2人の場合、法定相続人は3人となります。そのため、基礎控除額は4800万円（3000万円＋600万円×3人）です。遺産総額が4800万円以下の場合には相続税はかからないことになります。

❷課税遺産総額を「法定相続分」で按分する

［課税遺産総額×法定相続分＝法定相続分に応ずる取得金額］

❸税率をかけて、税率に応じた控除額を引く

［法定相続分に応ずる取得金額×税率－控除額＝算出税額］

税率については、法定相続分に応ずる取得金額によって10～55％まで段階的に定められています（140ページ表）。差し引く控除額も、この税率に応じて0～7200万円と段階的に定められています。

❹算出税額を合算して「実際の相続割合」で按分する

［相続税の総額×各人の実際の相続割合＝各人の納税額］

相続税にはいくつかの税額控除がありますが、なかでも**効果が大きいのは「配偶者の税額軽減」の特例**です。次のいずれか大きい金額まで、相続税がかからなくなります。

・1億6000万円

・配偶者の法定相続分

たとえば遺産が6億円あって、そのうち3億円を配偶者が相続したとしても、配偶者には相続税がかかりません（法定相続人が配偶者と子供の場合）。ただし、二次相続に注意する必要があります。

また、この配偶者の税額軽減の適用を受けるためには要件があります。

❶**戸籍上の配偶者である**……事実婚の場合には適用できない
❷**相続税の申告期限までに遺産分割が完了している**……申告期限は相続が発生した日の翌日から10ヶ月以内
❸**相続税の申告書を税務署に提出する**……配偶者の税額軽減を適用して相続税が0円になった場合も申告書の提出が必要

相続税の基礎控除と税率

◉相続税の基礎控除額

計算式

3,000万円 ＋ 600万円 × 法定相続人の人数 ＝ 基礎控除額

早見表

法定相続人	基礎控除額
1人	3,600万円
2人	4,200万円
3人	4,800万円
4人	5,400万円
5人	6,000万円

＊法定相続人が1人増えるごとに600万円増える

◉相続税の税率と控除額

法定相続分に応ずる取得金額	税率	控除額
1,000万円以下	10%	—
3,000万円以下	15%	50万円
5,000万円以下	20%	200万円
1億円以下	30%	700万円
2億円以下	40%	1,700万円
3億円以下	45%	2,700万円
6億円以下	50%	4,200万円
6億円超	55%	7,200万円

5 さまざまな事情で変わる相続人

ここでは、さまざまな事情がある場合の相続人について紹介しましょう。

子供が亡くなっていたら代襲相続

まずは、代襲相続です。**代襲相続とは、本来、相続人となるべき被相続人の子や兄弟姉妹が被相続人より先に亡くなっていた場合、その子供がこれらの人の権利を承継して相続人になる制度**のことです。

被相続人の死亡以前に被相続人の子が死亡していた場合、その子（被相続人から見て孫）が相続人になります。

たとえば被相続人（A）が死亡した時点で妻（B）が存命で、唯一の子、長男（C）が先死しており、長男（C）に子（被相続人から見て孫D）がいる場合を考えてみましょう。この場合、Aの相続人は、BとDで、相続分は2分の1ずつとなります。

縁組によって養子になった子供にも相続権がある

縁組によって、被相続人の養子になった子供にも、実子と同じく相続権があります。民法上は養子縁組をする人数に制限はありませんので、何人と養子縁組したとしても全員に相続権があると言えます。

ただし、**相続税の計算（140ページ）で基礎控除が認められる養子の人数は制限されているので注意が必要です。**

- **被相続人に実子がいる場合**……1人まで
- **被相続人に実子がいない場合**……2人まで

たとえば実子がいない被相続人が、4人の子供と養子縁組していたとしたら、基礎控除の計算では2人までしか入れられないというわけです。基礎控除は1人相続人が増えるごとに600万円増えることになりますから、これをあてにして相続税を計算すると間違いとなります。

なお、①特別養子縁組によって養子となった者、②配偶者の実子で、被相続人の養子となった者、③被相続人と婚姻前に、被相続人の配偶者の特別養子縁組による養子となった者で、被相続人の婚姻後に被相続人の養子となった者も、相続税の計算上は実子と扱われ、1人について、600万円の基礎控除が認められます。

婚姻関係のない相手との子供は？

婚姻関係のない相手との子供（非嫡出子）については、認知しているかどうかが基準になります。つまり、**認知していれば相続人となり、認知していなければ相続人とはならない**わけです。

認知は、遺言によるものでも認められます。認知された非嫡出子は相続人として被相続人の遺産分割協議に参加します。

なお、妻が妊娠中に夫が亡くなった場合、まだ生まれていない子供も夫の相続人となります。

事実婚の妻は相続人になれる？

入籍していない夫婦には、民法上の相続権はありません。法定相続人ではないため、事実婚の相手に財産を遺したい場合には、遺言書を作成して遺贈をするのが基本となります。

ただし、内縁の相手から遺贈によって遺産を受け取った場合、相続税の計算が法律上の夫婦とは異なって、相続税法上の特例が受けられないなど、相続税が大きな負担になりやすいので注意してください。

・基礎控除の対象とならない

・配偶者の税額軽減が受けられない……配偶者の税額軽減（138ページ）は法律上の夫婦に限られる

・小規模宅地等の特例（159ページ）が適用できない……小規模宅地等の特例は法律上の親族が相続した場合に限られる

・生命保険金等の非課税枠が適用できない……生命保険金等の非課税枠の適用は法定相続人に限られる

もちろん、家族信託で事実婚の妻に財産を遺すこともできます。

たとえば、妻に先立たれ、一人息子を育ててきたAさんの場合を考えてみましょう。Aさんは息子Bさんが独立したのを期に、長年の知人であった女性Cさんと一緒に暮らすようになり、すでに20年近く内縁関係にあります。女性Cさんと息子Bさんも以前から知り合いだったこともあり、関係は良好です。

このような場合、Aさんを委託者兼受益者、息子Bさんを受託者とする家族信託契約を締結します。この際に、Aさんの死後は、受益者を内縁の妻Cさん、Cさんの死後は信託契約は終了して、信託財産は息子Bさんに承継されると定めておく方法もあります。

内縁の妻を受益者にした家族信託

委託者＝Aさん
受託者＝息子Bさん
当初の受益者＝Aさん
第二受益者＝内縁の妻Cさん

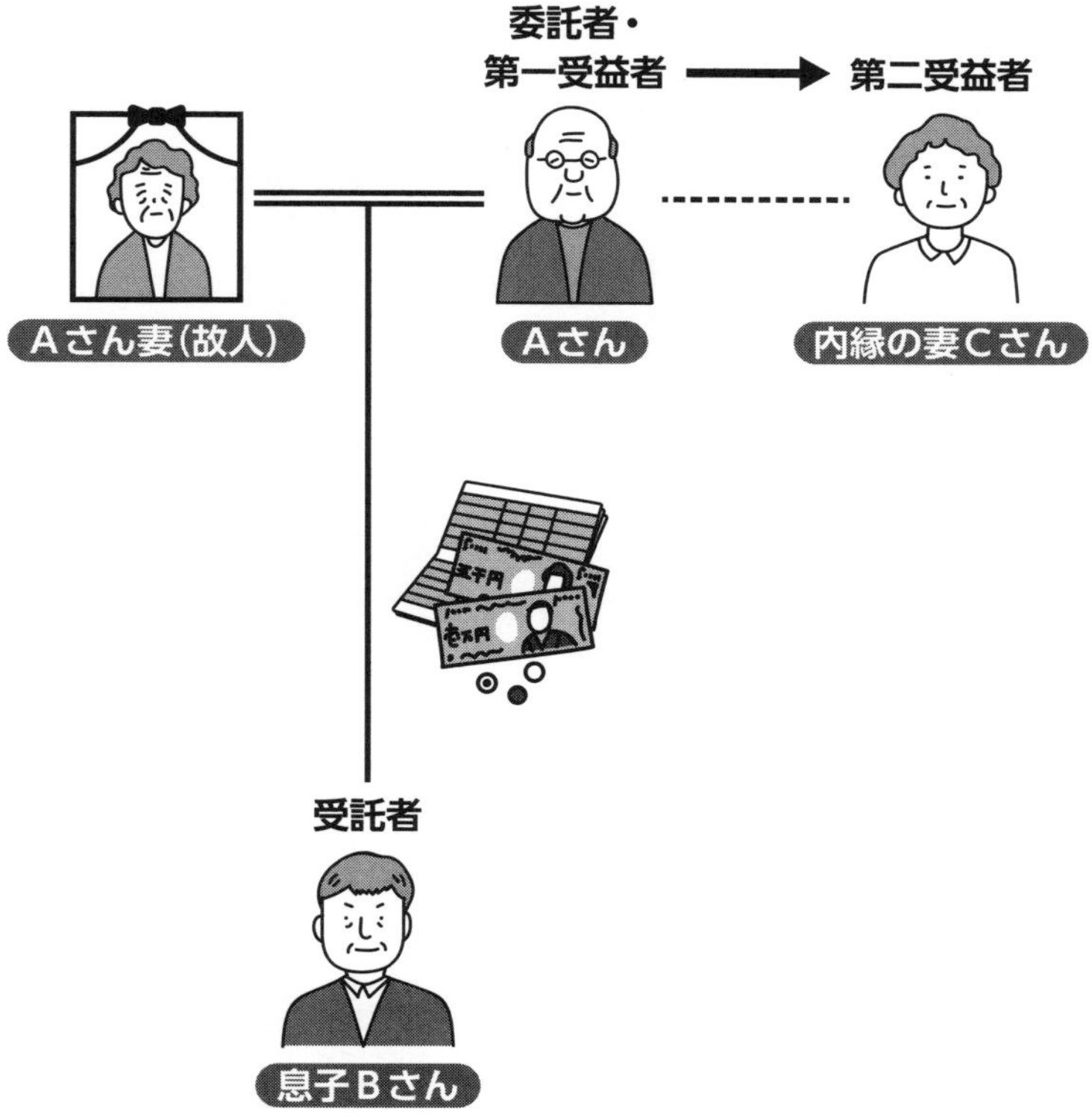

ポイント

①受益者をAさん→内縁の妻Cさんとすることができる
②AさんもCさんも死亡した場合、残った信託財産は息子Bさんが承継

こうすることで、Ａさんは、自分の死後も内縁の妻Ｃさんの生活を保障することができます。

また、Ｃさんの死後、残ったＡさんの財産は息子Ｂさんに承継されることになるため、Ｂさんも安心です。

その他、内縁の妻に財産を遺すには、死因贈与契約（自分の死亡時に財産を贈与すると互いに合意している契約）を結ぶ、生命保険の受取人に指定しておくといった方法もあります。

なお、死因贈与は贈与契約ですが、贈与税は課されず、相続税のみが課せられます。生命保険は保険会社によって受取人を親族に限定していることもあるので確認してみてください。

6 法定相続分が変わるケース

寄与分とは

被相続人の生前に、被相続人の事業を手伝っていたり、看護を行っていたりした相続人は、本来の相続分よりも少し多めに相続することができる場合があります。これを「寄与分」といいます。

これは、被相続人に貢献したのに、他の相続人と同じように法定相続分で定められた割合で相続することに公平とは言えないからです。

貢献度については明確な基準がないため、相続人同士が話し合って決めることになります。話し合いがまとまらない場合には、寄与した人が家庭裁判所に調停を申し立てます。

寄与として認められるのは、次のとおりです。

- 被相続人の事業に関する労務の提供

・被相続人の事業に関する財産上の給付
・被相続人の療養看護

これらについて、被相続人の財産の維持や増加に特別の貢献（特別な寄与）があった場合に寄与分が認められるわけです。

「特別な寄与」とは、無償で、寄与の程度が被相続人と相続人の身分関係に基づいて通常期待される程度の貢献を超える高度なものを意味するとされています。

親と同居している長男が、食事の世話をしていたとか、病院への送迎をしていたというのでは、「特別の寄与」と認められるのは困難です。

たとえば、本来は外部のヘルパーさんに頼んで有料の介護サービスを利用するところを、長男が仕事を辞めて無償で介護にあたっていたような場合には、「特別な寄与」と認められやすくなります。

法定相続人以外の寄与

民法が改正されて、**法定相続人でなくとも、次の親族は「特別寄与料」と呼ばれる金銭の支**

払いを相続人に求めることができるようになりました。

・被相続人の６親等内の血族で相続人でない者
・被相続人の３親等内の姻族（配偶者の兄弟姉妹など）で相続人でない者

以前は、寄与分を主張できるのは相続人だけでした。たとえば、親と同居していた長男の妻が、付きっ切りで献身的な看護をしていたとしても、寄与分は認められませんでした。しかし、民法の改正によって、前述の親族は、相続人に対して、特別寄与料を請求することができるようになったのです。

生前贈与などを受けていた人は？

相続人のなかで遺贈を受けたり、相続開始前10年以内に生前に資金援助を受けたりした人は、生前に贈与を受けた金額を自分の相続分から差し引いて計算します。

これを「特別受益の持ち戻し」といい、被相続人から遺贈を受けたり、特別な財産的利益を受けた人のことを「特別受益者」と言います。

相続分から差し引くのは、相続の前渡しを受けたとして考えるからです。たとえば長男にはマイホーム資金を贈与したのに、次男には援助していないというようなケースだと、不公平感が生じてしまうため、このような制度が用意されています。

具体的な計算方法は次のとおりです。

①遺産総額に特別受益を加算する
②加算後の遺産を法定相続分で分ける
③特別受益分を特別受益者の相続分から控除する

たとえば、法定相続人が長男と次男2人だけで、長男がマイホーム資金1000万円を贈与してもらっていたとしましょう。遺産総額が3000万円の場合、次のように計算されます。

①遺産総額3000万円＋特別受益額1000万円＝4000万円
②4000万円×法定相続割合1／2＝法定相続分2000万円
③長男の法定相続分2000万円－特別受益額1000万円＝1000万円

計算の結果、長男の相続分は1000万円、次男の相続分は2000万円となります。

場合によっては、特別受益者が相続分より多くの贈与や遺贈を受けていることもあります。

その場合、特別受益者の相続する遺産はないことになります。

ただし、被相続人が生前に贈与した分について、特別受益として扱わないという意思を遺言書に遺している場合などは、被相続人の意思に従います。これを「持ち戻し免除の意思表示」といいます。

7 最低相続分を保証する遺留分

遺言書で定めた相続割合が認められないことがある

もし、被相続人が、家族以外の第三者に、自分の全財産を遺贈するという遺言を残して亡くなったとします。正しい様式に従って遺言が作成されていれば、このような遺言も有効となります。

しかし、それでは、残された家族の生活が成り立たなくなってしまうかもしれません。そこで、民法は、相続人に最低限の取り分を保証する制度を定めています。これを「遺留分」といいます。

残された遺族の遺留分が認められるのは次の相続人です。

- 配偶者
- 直系の子供や孫（代襲相続人を含む）

遺留分の割合

法定相続人	配偶者	子供	父母	遺留分の合計
配偶者のみ	1/2	—	—	1/2
子供だけ	—	1/2	—	1/2
配偶者と子供	1/4	1/4	—	1/2
父母だけ	—	—	1/3	1/3
配偶者と父母	1/3	—	1/6	1/2

・直系の親や祖父母

つまり、被相続人の兄弟姉妹、甥・姪には認められないわけです。

遺留分の割合は、法定相続分の2分の1が基本です。相続人が直系の親や祖父母の場合には、法定相続分の3分の1となります。

たとえば、遺産が6000万円で法定相続人が子供3人（長男・次男・長女）の場合、法定相続分は3分の1ずつの2000万円ずつになります。

この場合、被相続人が長男に全額を遺す遺言を作成して死亡したとします。次男・長女は、長男に対して、それぞれ1000万円を請求する権利（遺留分侵害額請求権）があるのです。

なお、この権利を主張するかどうかは、個々人の自由です。

家族信託での遺留分は？

家族信託には遺言書の機能がありますので、自分が指定する人に財産を引き継がせることもできます。

では、遺留分を侵害する内容の家族信託契約をした場合、どうなるでしょうか。

実は、家族信託における遺留分については、民法でも信託法でも規定がされておらず、現在のところ遺留分の扱いがどうなるのか明確ではありません。

今後、判例等が出されるに従って取扱いが定まってくるものと思われますが、やはり遺留分をまったく考慮しない信託契約は避けたほうが無難と言えるでしょう。後々のトラブルを招きかねません。

8

配偶者が自宅に居住する権利を保護する（配偶者居住権）

配偶者だけに認められる配偶者居住権

相続時に何かと問題になりやすいのは不動産です。**不動産は分割しづらいので、相続人の間で不公平感を生みやすいと言えます。**

たとえば、遺産の内容が自宅２０００万円と、預貯金３０００万円だとしましょう。相続人は妻と子供１人です。遺産の総額は５０００万円ですから、法定相続分２分の１ずつだと母と子供がそれぞれ２５００万円を相続することになります。

ところが預貯金は３０００万円しかありません。自宅２０００万円を分割するには、売却して現金にする方法がありますが、これでは妻の住む場所がなくなってしまいます。一方で、子供が預貯金２５００万円を相続したとすると、妻の相続する預貯金が５００万円になってしまい、今後の生活が心配です。

このようなケースを解決するために「配偶者居住権」が創設されました。**配偶者居住権とは被相続人の自宅を「居住権」と「それ以外の権利」に分けて、配偶者に居住権を認めるものです。**

先の例でいうと、不動産の配偶者居住権1000万円を妻が、配偶者居住権という負担付きの所有権1000万円を子供が相続すれば、預貯金を1500万円ずつ分割することができ、妻は住む家と老後資金である預貯金の両方を手にすることができます。

配偶者居住権を適用するには、次の3つの要件があります。

①亡くなった人の配偶者であること
②亡くなった人が所有する不動産に、亡くなるまで住んでいたこと
③遺産分割、遺贈、死因贈与、家庭裁判所の審判によって取得したこと

配偶者居住権をいくらに設定するかについては、「遺産分割における評価」と「相続税申告における評価」で異なります。配偶者居住権の遺産分割における評価については、法務省が示した簡易的な評価方法が目安になります。

配偶者居住権の評価方法

◉遺産分割における評価（簡易的な評価）*1

建物敷地の現在価値 － 負担付所有権の価値*2 ＝ 配偶者居住権の価値

*1 相続人間で簡易な評価方法を用いて遺産分割を行うことに合意がある場合に使うことを想定したものだが、不動産鑑定士協会からも一定の合理性があるとの評価を受けている方法

*2 負担付所有権の価値は、建物の耐用年数、築年数、法定利息等を考慮し、配偶者居住権の負担が消滅した時点の建物敷地の価値を算定したうえ、これを現在価値に引き直して求めることができる（負担消滅時までは所有者は利用できないので、その分の収益可能性を割り引く必要がある）

◉相続税申告における評価

居住建物の時価*1 － 居住建物の時価 × （耐用年数*2 － 経過年数*3 － 残存年数*4）／（耐用年数 － 経過年数） × 残存年数に応じた法定利息による複利現価率*5

*1 固定資産税の課税明細書に記載されている建物の固定資産税評価額

*2 建物の構造に応じた所得税の法定耐用年数に1.5を乗じた年数

*3 新築時から配偶者居住権設定までの年数。登記簿謄本で確認できる

*4 配偶者居住権設定時から終了時（配偶者の平均余命）までの年数

*5 *4の存続年数に応じた法定利率による複利現価率

配偶者居住権を消滅させたら？

配偶者居住権は配偶者のみに認められる権利ですから、譲渡することはできません。ただし、権利を合意解除もしくは放棄することはできます。

合意解除もしくは放棄をする際、代金を受け取った場合には譲渡所得として課税されることに注意が必要です。一方、合意解除等によって配偶者居住権を消滅させた際に代金を受け取らない場合には、配偶者から所有者への贈与となり、所有者に贈与税が課せられます。

配偶者居住権の消滅等による取得費の計算方法は以下のとおりです。

①配偶者が対価を受けたとき

［居住建物等の取得費×配偶者居住権等割合－減価の額＝取得費］

②消滅前に相続人が居住建物等を譲渡した場合

［居住建物等の取得費－配偶者居住権等の取得費＝取得費］

なお、配偶者居住権等割合は、［配偶者居住権または配偶者敷地利用権の価額÷居住建物等の価額］で計算します。

また、自分の死後、配偶者が住む家について心配な場合には、自宅の所有権を配偶者に生前贈与しておく方法もあります（１７４ページ）。

9 自宅の相続には小規模宅地等の特例

小規模宅地等の特例は節税効果が大きい

不動産を相続すると、相続税の負担が大きくなることがあります。遺産のうち、預金が少なくてほぼ自宅のみ、という場合にはなおさらでしょう。このようなケースの負担を軽くするため、「小規模宅地等の特例」という制度が用意されています。

小規模宅地等の特例は、亡くなった人が事業用や居住用に使っていた土地を相続した場合に、一定の要件を満たせば相続税評価額を減額できるものです。 例えば居住用の土地のうち、330平方メートルまで80％も相続税評価額が減額されるなど、節税効果の大きい特例です。

特例を適用できるのは、次のいずれかに当てはまる相続人です。

①配偶者

②被相続人と同居していた相続人

③　①②にあてはまらない場合の3年間借家住まいの相続人

生計を一にするとは、同居している場合と考えてよいでしょう。仕事の都合などで別居している場合でも、生活費を共通させていて休暇には一緒に過ごしているなどの場合に一部、認められるケースもあります。

なお、次のようなケースでは、たとえ相続税の課税価格を構成するものであっても、この特例を受けることはできません。相続開始時点ですでに相続財産ではなくなっているからです。

- 相続開始前3年以内に生前贈与された宅地等
- 相続時精算課税制度を選択適用して生前贈与された宅地等
- いわゆる「個人版事業承継税制」を選択適用して生前贈与された事業用地等

小規模宅地等の特例（居住用）の計算方法

小規模宅地等の特例（居住用）は、330平方メートル分の評価額が80％減額されるというものです。総面積が330㎡を超えている場合、330平方メートルまで評価額が80％になります。

総面積500平方メートルの自宅の評価額が5000万円だったとしましょう。この自宅が

小規模宅地等の特例（居住用）の計算方法

総面積が330㎡以下の場合

総面積250㎡

総面積が330㎡以下なので、
全体の評価額が80％減額される

総面積が330㎡を超えている場合

総面積500㎡

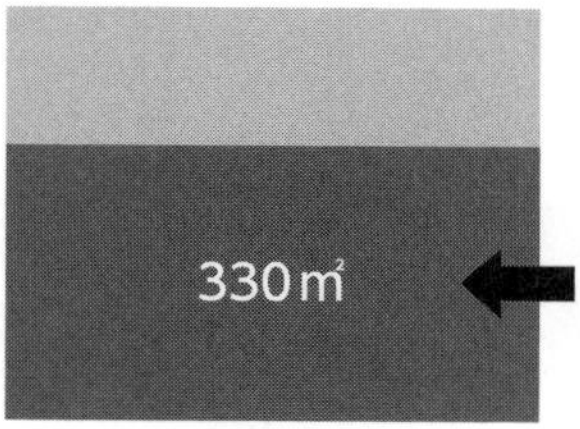

総面積が330㎡を超えているので、
330㎡分の評価額が80％減額される

◉評価額が5,000万円の土地の計算例

総面積が330㎡以下の場合

❶減額分を計算する
5,000万円×80％＝4,000万円

❷もとの評価額から減額分を差し引く
5,000万円－4,000万円＝1,000万円

総面積が500㎡の場合

❶減額分を計算する
5,000万円×（330㎡÷500㎡）×80％＝2,640万円

❷もとの評価額を計算する
5,000万円－2,640万円＝2,360万円

「特定居住用宅地等」に該当した場合、次のように計算されます。

①小規模宅地等の特例が受けられる330平方メートルの評価額を80％減額する
[5000万円×（330㎡÷500㎡）×80％＝2640万円]

②もとの評価額から減額分を差し引く
[5000万円－2640万円＝2360万円]

利用の仕方によって減額割合が変わる

小規模宅地等の特例は、その宅地がどう利用されていたかによって、減額できる面積と減額できる割合が定められています。

- **特定事業用宅地等**……事業（貸付事業用宅地等に該当をのぞく）に利用していた宅地等
- **特定同族会社事業用宅地等**……法人の事業（貸付事業用宅地等をのぞく）に利用していた宅地等で、その法人の役員である被相続人の親族が相続または遺贈で取得したもの
- **貸付事業用宅地等**……不動産貸付業、駐車場業、自転車駐車場業等を行っていた宅地等
- **特定居住用宅地等**……被相続人の自宅として使っていた宅地等

利用区分による小規模宅地等の特例の概要

<table>
<tr><th colspan="3">相続開始の直前における
宅地等の利用区分</th><th colspan="2">要件</th><th>限度面積</th><th>減額割合</th></tr>
<tr><td rowspan="5">被相続人等
の事業の用
に供されて
いた宅地等</td><td colspan="2">貸付事業以外の
事業用の宅地等</td><td>❶</td><td>特定事業用宅地等
に該当する宅地等</td><td>400㎡</td><td>80%</td></tr>
<tr><td rowspan="4">貸付事業用
の宅地等</td><td rowspan="2">一定の法人に
貸し付けられ、
その法人の
事業（貸付事業
を除く）
用の宅地等</td><td>❷</td><td>特定同族会社
事業用宅地等に
該当する宅地等</td><td>400㎡</td><td>80%</td></tr>
<tr><td>❸</td><td>貸付事業用宅地等
に該当する宅地等</td><td>200㎡</td><td>50%</td></tr>
<tr><td>一定の法人に
貸し付けられ、
その法人の
貸付事業
用の宅地等</td><td>❹</td><td>貸付事業用宅地等
に該当する宅地等</td><td>200㎡</td><td>50%</td></tr>
<tr><td>被相続人等の
貸付事業用の
宅地等</td><td>❺</td><td>貸付事業用宅地等
に該当する宅地等</td><td>200㎡</td><td>50%</td></tr>
<tr><td colspan="3">被相続人等の
居住の用に供されていた宅地等</td><td>❻</td><td>特定居住用宅地等
に該当する宅地等</td><td>330㎡</td><td>80%</td></tr>
</table>

特例の適用を選択する宅地等が以下のいずれに該当するかに応じて、限度面積を判定する。

特例の適用を選択する宅地等	限度面積
特定事業用等宅地等（❶❷） および 特定居住用等宅地等（❻） （貸付事業用宅地等がない場合）	（❶＋❷）≦400㎡ ❻≦330㎡ 両方を選択する場合は合計730㎡
貸付事業用宅地等（❸、❹、❺） および それ以外の宅地等（❶、❷、❻） （貸付事業用宅地等がある場合）	（❶＋❷）$\times\frac{200}{400}$＋❻$\times\frac{200}{330}$＋ （❸＋❹＋❺）≦200㎡

10 自分の意思を伝える遺言書

遺言書は要件を満たす必要がある

遺言書は、個人の意思で相続の方法や割合を指定する法的な効力を持ちます。

注意が必要なのは、遺言書と遺書は異なることです。遺書は自分の思いを書いた手紙のことで、法的な効力はありません。遺言書として認められ、法的な効力を持たせるためには、一定の要件を満たす必要があるわけです。

自筆証書遺言（165ページ）の要件を満たさず、無効になってしまうのは次のようなケースです。

- 自筆ではないもの（全文をパソコンで作成した遺言書やレコーダーで録音したものは無効）
- 日付があいまいなもの（令和○年○月○日という形式で書くこと）
- 押印がないもの

- 署名がないもの
- 2人以上の共同遺言
- 認知症など判断能力がない人が作成したもの

なお、遺言書と家族信託の違いは、遺言書が死後の財産に関する事項等を指定できるのに対して、家族信託は生前と死後の財産に関する事項等を指定できることと言えます。

また、認知症など判断能力が低下した後で遺言書を作成したり、家族信託契約を結ぶことはできません。どちらも、早めに用意することが大切です。

遺言書の形式

遺言書の形式で一般的なのは「普通方式」と呼ばれる形式で、普通方式には「自筆証書遺言」と「公正証書遺言」があります。

◇自筆証書遺言

全文を手書きで作成する遺言書で（財産目録のみパソコンで作成した書類が可能）、証人も必要ないため、比較的手軽に作成できます。

ただし、紛失や改ざんの可能性もあるため、遺言書を法務局で保管してもらう「遺言書保管制度」を利用するとよいでしょう。原本を保管するほか、画像をデータ化してもらえるため、紛失や改ざんの心配がありません。

なお、遺言書保管制度を利用しない自筆証書遺言の場合、検認という手続きが必要です。遺言書が見つかったら開封せず、家庭裁判所で偽造等がないと証明する検認をしてもらい、検認済証明書を受け取ります。この検認済証明書は、相続の手続きで必要です。

◇公正証書遺言

公正証書遺言は、公証役場で公証人のアドバイスを受けながら作成する遺言書です。専門家のアドバイスがありますので、法的に不備のない遺言書ができますが、証人を2名立てなければならないなどの要件もあります。

自筆証書遺言書の記載例

遺言書

遺言者　あさ太郎は、次のとおり遺言する。

タイトルおよび書き出しに「遺言」であることを明記

第１条　遺言者は、遺言者の所有する以下の不動産を、遺言者の長男あさ一郎（昭和56年１月25日生）に相続させる。

記

①　所　　在　東京都渋谷区代々木１丁目
　　地　　番　２番５
　　地　　目　宅地
　　地　　積　86.17㎡

②　所　　在　東京都新宿区３
　　家屋番号　９番４
　　構　　造　木造瓦葺二階建
　　床 面 積　１階55.81㎡　２階50.81㎡

不動産は登記簿謄本の記載どおりに

第２条　遺言者は、遺言者の所有する下記の預貯金の元金及び利息金を、遺言者の長女あさ花子（昭和60年11月４日生）に相続させる

記

①　ゆうちょ銀行　通常貯金　記号1235　番号785145
②　関東銀行　南支店　普通預金　口座番号　84567217

預貯金や証券会社も金融機関名および口座番号まで記載

第３条　遺言者は前２条記載の財産を除く遺言者の有するその他の財産全部を、遺言者の長男あさ一郎に相続させる

第４条　遺言者は、祖先の祭祀を主宰すべき者として、遺言者の長女、あさ花子を指定する

第５条　遺言者は、この遺言の執行者として、次の者を指定する

東京都新宿区西新宿２-４-５
司法書士
遺言執行者　相続守

遺言執行者を定めておくと相続後の手続きが円滑

作成した年月日、住所、氏名を記載

令和２年２月23日
東京都渋谷区代々木１丁目

あさ太郎㊞

印鑑は認印でも有効だが、万全を期すために実印が望ましい

全文、自筆で書く（財産一覧はパソコン作成可）

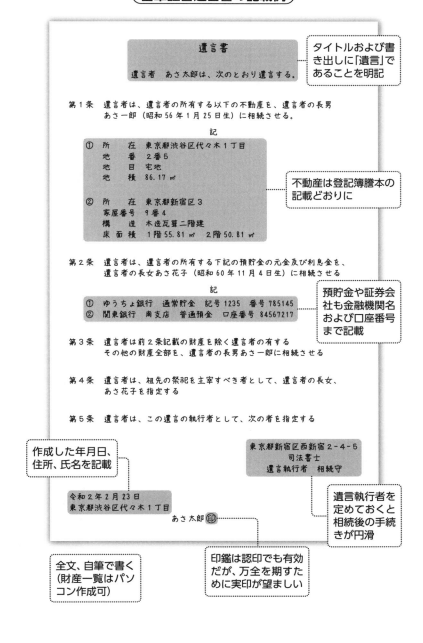

11 財産をもらうと贈与税の対象になる

贈与税には2種類ある

相続税と近いものに贈与税があります。贈与税は個人から財産をもらったときにかかる税金です。

- **生前贈与**……互いに存命中に資産を受け渡すもの（贈与税が課税）
- **死因贈与**……互いに資産の受け渡しをあらかじめ了承しており、死亡時点で履行する贈与（相続税が課税）

家族信託の場合、委託者と受益者が別のときに贈与税が課せられます。これは、信託財産の所有権が無償で移転するからです。ただし、次のような場合には贈与税の課税対象とはなりません。

・1500万円までの教育資金贈与（学校等以外の教育資金は500万円まで）
・1000万円までの結婚・子育て支援（結婚に関する費用は300万円まで）
・確定給付企業年金信託
・年金信託
・特定障がい者扶養（限度額は障がいの程度により6000万円までもしくは3000万円まで）

暦年贈与とは

贈与税の課税の制度には「暦年贈与課税」と「相続時精算課税」の2つの制度があり、基本は暦年贈与課税で、一定の要件を満たせば相続時精算課税となります。

暦年贈与課税は、その名前のとおり、1年間（1月1日〜12月31日）にもらった財産に対して課税する方式です。

ただし、**贈与税には基礎控除が年間110万円認められています。**これは、1年間の贈与額が110万円以内であれば贈与税がかからないということです。

注意点としては、贈与税は1人の人がもらった合計金額に対してかかるものであることです。

贈与者が複数いても基礎控除は１１０万円になります。たとえば同じ年に祖父、父、母からそれぞれ１００万円もらうと３００万円となりますが、基礎控除は１１０万円ですから、差し引いた額１９０万円に対して贈与税が課税されます。

贈与税の計算式は非常にシンプルです。

【（1年間に贈与でもらった財産の合計額－基礎控除額１１０万円）×税率】

税率は、「一般贈与財産用（一般税率）」と「特例贈与財産用（特例税率）」に分けられており、特例財産のほうが低く設定されています。

- **一般贈与財産用（一般税率）**……兄弟間の贈与、夫婦間の贈与、親から子供への贈与で子供が未成年の場合
- **特例贈与財産用（特例税率）**……祖父母や父母などから、20歳以上（その年の1月1日時点）の子供や孫への贈与の場合

なお、たとえば20歳以上の人が兄と親から贈与を受けた場合には、合計額を一般税率と特例税率の両方で計算し、税額に占める「一般贈与財産」と「特例贈与財産」のそれぞれの割合に

暦年課税の贈与税の計算

贈与税の計算式

（1年間に贈与でもらった財産の合計額－基礎控除額110万円）×税率

◉一般贈与財産用（一般税率）

基礎控除後の課税価格	200万円以下	300万円以下	400万円以下	600万円以下	1,000万円以下	1,500万円以下	3,000万円以下	3,000万円超
税率	10%	15%	20%	30%	40%	45%	50%	55%
控除額	—	10万円	25万円	65万円	125万円	175万円	250万円	400万円

（例）贈与財産の価額が600万円の場合

財産価額 600万円 － 基礎控除額 110万円 ＝ 基礎控除後の課税価格 490万円

基礎控除後の課税価格 490万円 × 一般税率 30% － 控除額 65万円 ＝ 贈与税額 82万円

◉特例贈与財産用（特例税率）

基礎控除後の課税価格	200万円以下	400万円以下	600万円以下	1,000万円以下	1,500万円以下	3,000万円以下	4,500万円以下	4,500万円超
税率	10%	15%	20%	30%	40%	45%	50%	55%
控除額	—	10万円	30万円	90万円	190万円	265万円	415万円	640万円

（例）贈与財産の価額が600万円の場合

財産価額 600万円 － 基礎控除額 110万円 ＝ 基礎控除後の課税価格 490万円

基礎控除後の課税価格 490万円 × 一般税率 20% － 控除額 30万円 ＝ 贈与税額 68万円

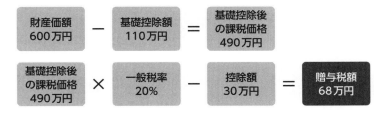

応じた税額を算出します。納付するのはそれぞれの合計額です。

相続時精算課税制度とは

相続時精算課税制度とは、60歳以上の祖父母や父母から20歳以上の子供や孫に贈与する場合に、2500万円まで贈与税が非課税になる制度です。2500万円を超えた部分には課税されますが、超えた部分に一律20％の贈与税ですむため、贈与税額をかなり低く抑えることができます。

この2500万円の非課税枠は非常に使い勝手がよく、一括である必要がありません。複数年にわたって贈与を続けても、2500万円に達するまで非課税となります。

ただし、「相続時精算課税制度」という名前からわかるとおり、贈与する人が死亡して相続が発生した場合は、贈与でもらった金額を相続税に加算して、相続税を計算しなければなりません。

ほかにも相続時精算課税制度を利用するうえでの注意点がありますので、確認したうえで利用しましょう。

◇利用以後、110万円の贈与税の非課税枠が使えなくなる

相続時精算課税制度を一度でも利用すると、それ以降は暦年贈与を使えなくなり、年間110万円の非課税枠も適用できなくなります。

◇贈与財産が値下がりした場合に相続税の負担が大きくなる

相続時精算課税制度で相続税を計算する際は、贈与時点での評価額を使用します。贈与後に資産が値下がりした場合には、相続時に財産を承継するよりも相続税の負担が大きくなります。

◇小規模宅地等の特例を使えない

相続時精算課税制度を利用して宅地を贈与すると、相続発生時に小規模宅地等の特例を適用することができなくなります。

12 贈与税にも配偶者控除がある

一生に一度だけ使える特例

相続税と同様、**贈与税も配偶者については2000万円という大きな配偶者控除があります。**基礎控除とあわせると、2110万円も課税対象額から差し引けるため、節税効果の大きいものです。

この**配偶者控除は、贈与するのが居住用の不動産、もしくは不動産の取得資金の際に適用できるもの**です。多くの人は、「自分の死後、妻が住まいに困らないように」といった目的での贈与で適用していると考えてよいでしょう。

同じ配偶者からの贈与で配偶者控除が適用できるのは1回に限られている点にも注意が必要です。たとえば夫から妻に1回目1000万円、2回目1000万円贈与した場合、配偶者控除を適用できるのは1回目だけです。配偶者控除の残りの枠が繰り越されるわけではないことに注意しましょう。

配偶者控除を適用できる要件は次のとおりです。

- 婚姻関係が20年以上であること（1年未満の端数は切り捨て）
- 居住用不動産またはその取得資金の贈与であること
- 翌年3月15日までに入居して、その後も引き続き居住すること
- 贈与税がかからない場合でも贈与税の申告を行うこと

なお、贈与税の配偶者控除の適用を受けた財産について、その直後に贈与者が死亡した場合には、次の点に注意してください。

- 贈与後3年以内（贈与した年をのぞく）に贈与者が死亡した場合には、過去に贈与税の配偶者控除の適用を受けた財産は、相続税の課税財産に足し戻す必要はない
- 贈与した年分に贈与者が死亡した場合には、事後に贈与税の配偶者控除の適用を受ける申告をしたうえで、相続税の課税財産に足し戻す必要はないが、相続税の申告書にその旨の記載をする必要がある

13

贈与の目的に応じた特例もある

マイホーム資金の贈与

通常、親から子供や孫への贈与は暦年贈与か相続時精算課税制度のどちらかになりますが、贈与の目的によっては税金が軽減される制度があります。

代表的なもののひとつが、住宅取得資金等の贈与の特例です。**子供や孫がマイホームを購入するために、親や祖父母が資金を贈与すると、最大3000万円まで贈与税が非課税になります。**適用するための主な要件は次のとおりです。

- 直系の父母や祖父母からの贈与であること
- 贈与を受ける人が20歳以上であること
- 贈与を受けた人の合計所得金額（所得税）が2000万円以下であること
- 平成21年分から平成26年分までの贈与税の申告で「住宅取得等資金の非課税」の適用を受け

住宅取得資金等の贈与の非課税限度額

◉家屋の金額に含まれる消費税等の税率が10％である場合

住宅用家屋の新築等にかかる契約の締結期間	省エネ等住宅	左記以外の住宅
平成31年４月１日～令和２年３月31日	3,000万円	2,500万円
令和２年４月１日～令和３年３月31日	1,500万円	1,000万円
令和３年４月１日～令和３年12月31日	1,200万円	700万円

◉上記以外の場合

住宅用家屋の新築等にかかる契約の締結期間	省エネ等住宅	左記以外の住宅
～平成27年12月31日	1,500万円	1,000万円
平成28年１月１日～令和２年３月31日	1,200万円	700万円
令和２年４月１日～令和３年３月31日	1,000万円	500万円
令和３年４月１日～令和３年12月31日	800万円	300万円

ていないこと

・配偶者や親族など一定の特別の関係のある人から取得した家屋ではないこと
・贈与を受けた年の翌年３月15日までにその家屋に居住すること、または同日後遅滞なくその家屋に居住することが確実であること
・床面積が50㎡以上２４０㎡以下で、２分の１以上が贈与を受けた人の居住に使われること
・新築または中古は築20年以内であること（耐火建築物の場合は25年以内）

なお、この特例は家屋の新築や取得はもちろん、増改築等でも適用することができます。

教育資金の一括贈与

令和３年３月31日までに直系の祖父母や親など

贈与者が**から教育資金を贈与された場合、1500万円まで贈与税が非課税となる特例です。**扶養している子供や孫のみならず、別生計の子供や孫への教育資金でも認められます。使途は教育資金ですが、学費はもちろん、習い事などの費用に使うこともできます。**学校以外の習い事関係であれば500万円までが非課税です。**

教育資金の一括贈与の特例を適用するには、次の要件を満たす必要があります。

- 贈与を受ける人が30歳未満であること
- 贈与を受けた人が金融機関で「教育資金口座」を開設し、資金を管理すること
- 資金の引出し時には教育費の領収書を金融機関に提出すること

教育資金の一括贈与の特例は非常にありがたい制度ですが、注意点もあります。

- 不測の事態で現金が必要なときにも原則として教育費以外に使うことができないこと
- 教育資金管理契約の終了前に贈与者が死亡した場合、「贈与を受ける子供や孫が23歳未満」「学校等に在学中」「教育訓練給付金支給対象の教育訓練を受講中」の場合をのぞいて、死亡前3年以内に行われた贈与にかかる管理残額が相続等により取得したものとみなされて相続税の対象になること

教育資金の一括贈与のしくみ

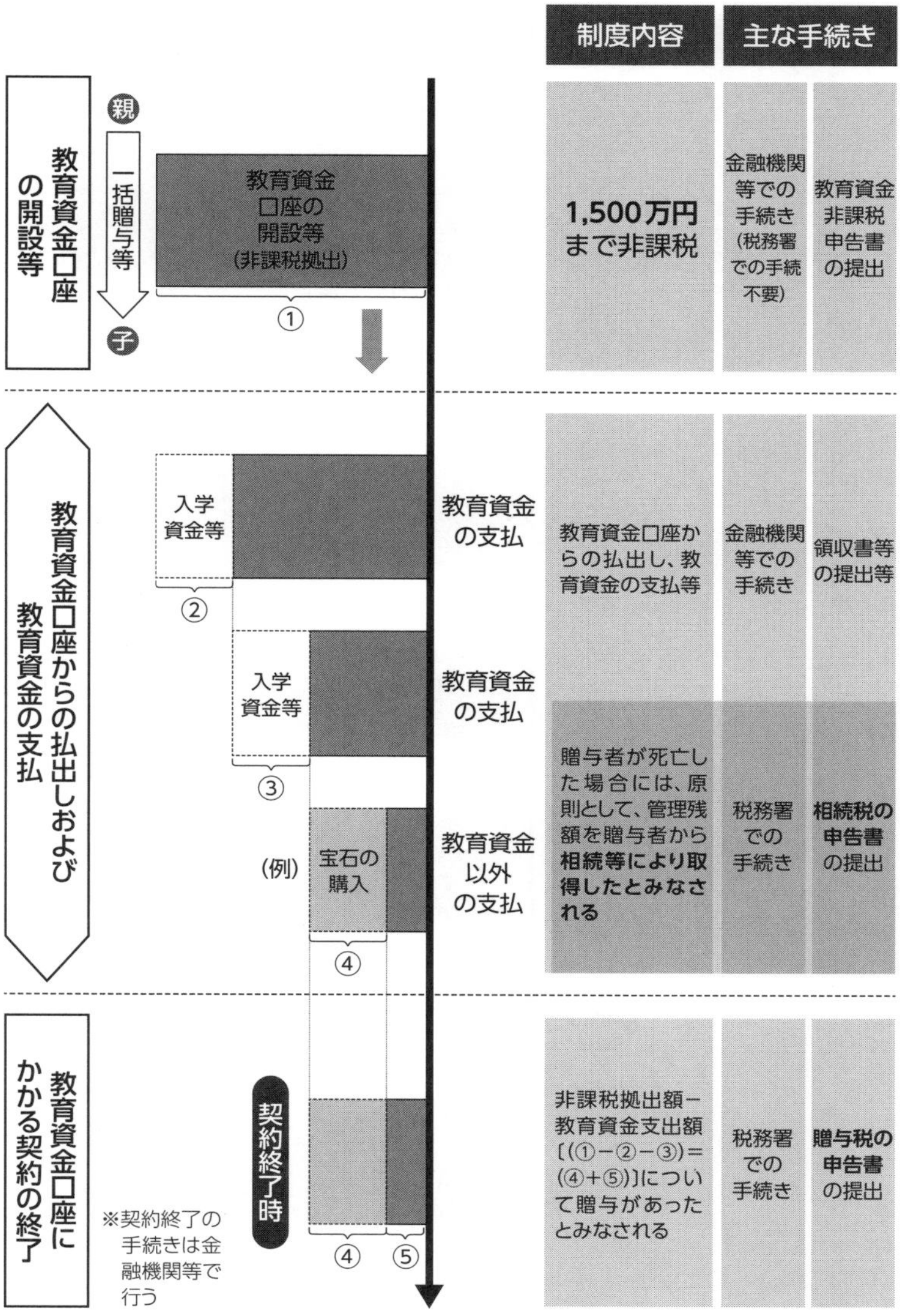
制度内容
主な手続き
教育資金口座の開設等
親
一括贈与等
子
教育資金口座の開設等（非課税拠出）
①
1,500万円まで非課税
金融機関等での手続き（税務署での手続不要）
教育資金非課税申告書の提出
教育資金口座からの払出しおよび教育資金の支払
入学資金等
②
教育資金の支払
入学資金等
③
教育資金の支払
教育資金口座からの払出し、教育資金の支払等
金融機関等での手続き
領収書等の提出等
（例）
宝石の購入
④
教育資金以外の支払
贈与者が死亡した場合には、原則として、管理残額を贈与者から相続等により取得したとみなされる
税務署での手続き
相続税の申告書の提出
教育資金口座にかかる契約の終了
※契約終了の手続きは金融機関等で行う
契約終了時
④
⑤
非課税拠出額－教育資金支出額〔(①－②－③)＝(④＋⑤)〕について贈与があったとみなされる
税務署での手続き
贈与税の申告書の提出

14 生命保険は相続？ 贈与？

税金は契約形態による

そもそも、生命保険に加入するのは、生前に健康を損ねた際の医療費のためもありますが、死後の遺族の生活保障のためもあります。財産のほとんどが不動産で相続人が分割しづらい、相続税の納税資金が心配、といった場合も生命保険に加入してその資金とするケースも多くあります。

このように便利な生命保険ですが、注意点もあります。契約形態によって課税される税金が違ってくることです。

たとえば、父が加入し、父が保険料を支払っていた生命保険の死亡保険金を子供などが受け取ると「みなし相続資産」として、相続税の課税対象となります。

これは、死亡保険金の原資が父から出た保険料であると考えられるからです。父の財産を、

契約形態ごとの税金の種別

◉契約形態の例とかかる税金

税金	相続税	相続税	贈与税	所得税（一時所得）・住民税
契約の形態	契約者と被保険者が同じで保険金受取人が相続人	契約者と被保険者が同じで、保険金受取人が相続人ではない	契約者、被保険者、保険金受取人がそれぞれ違う	契約者と保険金受取人が同じ
契約者（保険料負担者）	 父	 父	 母	 母
被保険者	 父	 父	 父	 父
保険金受取人	 母・子供（相続人）	 兄弟など相続人でない人	 子供	 母
生命保険の課税価格	保険金額－（非課税枠500万円×法定相続人の数）	保険金額（非課税枠なし）	保険金額－基礎控除額110万円	（保険金額－支払った保険料－50万円）× $\frac{1}{2}$

父の死去によって引き継いだとされ、相続資産とみなされるわけです。

一方で、父が被保険者、保険金受取人が子供、生命保険の保険料を支払っているのは母というケースでは、父の死去によってに支払われる生命保険金の原資が存命中の母となります。そのため、母から子供への贈与とみなされて、贈与税の課税対象となるわけです。

遺留分対策で生命保険を利用する

なお、**遺留分の対策として生命保険の加入**を考える人もいるようです。

たとえば「財産はすべて長男に譲りたいが、次男から遺留分の請求をされるかもしれない」「自宅は長男に受け継いでほしいが、預貯金が少ないので次男に不公平感が生まれてしまう」というケースで、「遺留分として次男を受取人にした生命保険に加入しよう」と考えるわけです。

ここで注意が必要なのは、**生命保険は「みなし相続資産」として相続税の課税対象になるものの、遺産分割協議の対象となる遺産ではない**ということです。生命保険はその契約の中で受取人を指定するものですから、相続人全員で分割を話し合うものではありません。

そのため、前のケースの次男は、生命保険と別に遺留分を請求する権利があるということです。これでは、自分の意思とは反してしまいます。

このようなケースで有効なのは、受取人を長男に指定した生命保険に加入することです。

長男に生命保険金で現金を用意し、それを資金に次男に遺留分を支払います。

これは、家族信託の場合も同様です。資産が集中する人を受取人にした生命保険に加入して、その生命保険金で他の相続人の不公平感を減らすようにします。

おわりに

◇家族信託で家族の幸せを守る

私達は現在、本来喜ばしいはずの長寿化を、ある種の不安とともに受け止めているのではないでしょうか。人生が長くなればなるほど、健康問題も資産問題も起きやすくなるのは事実です。

高齢者が持つ不動産や預貯金などの資産を、生前にどう活用していくか。死後にどう家族に引き継がせていくか。

家族信託は、この問題を解決する一助となる大変便利な制度です。

その意義は、ここまで目を通していただいた方には、理解していただけたのではないかと思います。

今後の生活、また相続に不安がある人は、現在の保有資産を洗い出す作業が必要です。その資産をどう使っていきたいのか、どう引き継がせていきたいのか、一つずつ検討するためにも、まずは保有資産を書き出すことから始めてみましょう。

そのうえで、家族と相談し、理解を得て、家族信託の専門家に家族信託の相談をすることをおすすめします。家族信託の設計にはそれなりの時間が必要ですから、すぐにでも動き出すことが大切です。

それが、不安を解消する特効薬になるでしょう。

共同監修者
紹介

円満相続を応援する士業の会

田中《たなか》　久夫《ひさお》

税理士・高崎経済大学大学院教授／経営学博士

これまで相続税対策にめっぽう強い会計事務所との評判を得てきました。家族信託とは家族間の民事信託です。相続税の節税効果を上げるためには長期の計画が必要です。信託の理解、贈与税の知識、生命保険の活用、成年後見制度なども複雑に絡み合う家族信託を活用して節税の実効性を高めましょう。

さくらジャパン税理士法人

〒370-0073　群馬県高崎市緑町1-11-7
TEL：027-364-3500　FAX：027-364-3501
E-mail：top@sakura-japan.or.jp　URL：https://sakura-jpn.jp/

窪木《くぼき》　康雄《やすお》

税理士

私どもの基本方針は心で仕事をすることです。一所懸命働いて貯え大事にしてきた財産は、世代交代時に相続税という大きな税金に遭遇します。賢く対策を立ててしっかりと財産を承継しなければなりません。まるで争続という相続があちこちで起きています。家族信託で解決するのが一番です。無料相談も行っております。

税理士法人ときわ

〒277-0005　千葉県柏市柏6丁目1番1号　流鉄柏ビル6階
TEL：04-7164-2828　FAX：04-7164-3050
E-mail：kuboki@kuboki.gr.jp　URL：http://www.kuboki.gr.jp/

濱田《はまだ》　実《みのる》

行政書士

平成2年に裁判所に入所後、裁判所書記官として民事事件をはじめ、あらゆる紛争事案に約30年間携わってきました。裁判所を退職後、行政書士濱田実事務所を開業。家族信託普及協会会員として、家族信託専門士の資格を有しています。まずは、お気軽に弊社の無料相談をご利用ください。

株式会社木更津相続サポートセンター／行政書士濱田実事務所

〒292-0057　千葉県木更津市東中央二丁目4番14号木更津東中央ビル2階
TEL：0438-38-5586　FAX：0438-23-4662
E-mail：m.hamada@juno.ocn.ne.jp　URL：http://www.kisaradu-souzoku.com/

中田《なかた》　義直《よしなお》

税理士・ファイナンシャルプランナー（CFP®）・
一般社団法人民事信託活用支援機構会員

税務署退官後、16年に税理士登録。
「人生100年時代」を迎え、当事務所では、弁護士、司法書士、民事信託・任意後見コンサルタントなどのプロフェッショナルとネットワークを構築し、特に「認知症社会」における財産管理・事業承継・相続をワンストップで支援していきます。ホームページを是非ご覧ください。

中田義直税理士事務所

〒150-0002　東京都渋谷区渋谷2-3-8　倉島渋谷ビル502号
TEL：03-5778-3317　FAX：03-5778-3318
E-mail：y-nakata@nbcc.jp　URL：https://www.nbcc.jp/

宮崎《みやざき》　辰《たつ》也《や》

司法書士・行政書士・2級ファイナンシャルプランナー

2010年司法書士としての業務開始後、2016年フロンティア司法書士事務所を開設。当事務所では、相続分野を専門とし、売買、贈与、相続などによる不動産に関する登記から生前の相続対策、家族信託、相続発生後の相続手続き、会社登記に至るまで各専門家と連携し幅広い分野に迅速丁寧に対応しております。

フロンティア司法書士事務所

〒158-0094　東京都世田谷区玉川三丁目13番8号　七のはなビル3階
TEL：03-6805-6475　FAX：03-6369-4722
E-mail：info@frontier-office.net　URL：https://www.frontier-office.net/

尾崎《おざき》　充《みつる》

公認会計士・税理士・行政書士

公認会計士、税理士、行政書士、宅地建物取引士、AFP。相続、資産税関係書籍の著書も多数あるため高い業務品質で相続税、資産税対策について深度あるサポートを致します。国税局資産税OBも在籍しており、各士業とも連携しておりますのでワンストップで相続、資産税業務をサポートしております。まずは無料相談におこしください。

アクティベートジャパン税理士法人

〒101-0047　東京都千代田区内神田2-12-6　内神田ＯＳビル4階
TEL：03-6261-1180　FAX：03-6261-1187
E-mail：m.ozaki@tkcnf.or.jp　URL：http://www.activatejapan.jp

野口《のぐち》　裕太《ゆうた》

公認会計士・税理士

「相続を考えること、それは“大切な家族の未来を考える”ということ」会計事務所Lirioは相続・事業承継の専門家として、お客様それぞれの想いを形に、「円満な相続」の実現をお手伝いさせて頂きます。初回相談は無料、まずはお気軽にご相談下さい。

会計事務所Lirio

〒104-0061　東京都中央区銀座6-14-8　銀座石井ビル
TEL：03-5776-2447
E-mail：info@lirio-tax.com　URL：https://lirio-tax.com/

岡田《おかだ》　誠彦《まさひこ》

税理士・行政書士

当事務所は、あなたの身近な専門家として、相続に関する様々な不安を解消します。最新の知識、見やすい資料、分かりやすい説明を用いることで、それぞれの方にとって適切な生前対策や信頼度の高い相続税申告等を行います。他士業と連携しワンストップでサポートいたします。まずはお気軽にご相談ください。

岡田誠彦税理士事務所

〒160-0022　東京都新宿区新宿1-24-7　ルネ御苑プラザ1210
TEL：03-6273-1395　FAX：03-6273-1396
E-mail：okada@okadatax.jp　URL：https://www.tax-okada.com/

小原《おばら》　正寛《まさひろ》

税理士

一般企業で勤務したのち税理士試験合格、2007年税理士登録後、税理士事務所を開業。
当事務所では相続に力を入れており、生前にご自身のお気持ちを形にできる家族信託に積極的に取り組んでいます。各分野の専門家とも連携しておりワンストップ対応をさせていただきますのでお気軽にご相談ください。

小原正寛税理士事務所

〒103-0023　東京都中央区日本橋本町3-10-10ファミール日本橋402
TEL：03-6661-0747　FAX：03-6661-0746
E-mail：obara@honey.ocn.ne.jp

杉山《すぎやま》　盛重《もりしげ》

税理士・中小企業診断士

一般的な税金計算はもちろんコンサルティングを得意とする新しいタイプの会計事務所です。認知症対策として家族信託が有用です。当事務所では、他士業と連携して、お客様の要望、人間関係、将来のリスクなどを考慮して、親族や関係者の「安心」と財産管理・承継の「安全」を目指します。まずは無料相談をご利用ください。

杉山盛重税理士中小企業診断士事務所

〒211-0053　神奈川県川崎市中原区上小田中3-23-41イニシア武蔵新城103号室
TEL：044-789-5079　FAX：044-754-7247
E-mail：info@sugiyamaoffice.jp　URL：http://sugiyamaoffice.jp/

須山《すやま》　達也《たつや》

〒254-0807　神奈川県平塚市代官町5-1
TEL：070-6550-2385
E-mail：rksym@nifty.com　URL：http://suyamakaikei.com/

石川《いしかわ》　一志《ひとし》

税理士・行政書士

愛知県瀬戸市に事務所を開設以来50年。「お客様のベストパートナー」を心に、地域の方々の事業承継・相続のご相談を承ってまいりました。
また併設の（株）ちゅうぶ相続サポートには、司法書士等の専門家が在籍しておりますので相続税の申告に限らず、遺言・家族信託の活用もお任せ下さい。

税理士法人ちゅうぶ税経／株式会社ちゅうぶ相続サポート

〒489-0984　愛知県瀬戸市北山町30番地の9
TEL：0561-84-6635（ちゅうぶ税経）/ 0561-56-0500（ちゅうぶ相続サポート）
E-mail：souzoku@czk.jp　URL：http://cssk.jp

岡田《おかだ》　悦子《えつこ》

税理士

当事務所は、税務に限ることなく様々な知見をもとに、お客様の資産形成・資産保全に力を入れております。相続対策・民事信託を得意とし、各士業および金融機関と提携して不動産登記や公正証書作成、信託口口座の開設等、ワンストップでサポート致します。まずはお気軽にお問合せください。

岡田税理士事務所

〒466-0022　愛知県名古屋市昭和区塩付通7-12-102
TEL：052-875-5607　FAX：052-875-5608
E-mail：okada@okada-tax.co.jp　URL：https://okada-tax.co.jp

岡本《おかもと》　篤典《あつのり》

税理士・1級ファイナンシャルプランナー技能士

当事務所は愛知県を中心に資産税、特に相続税を専門とする税理士事務所です。他士業とも連携し、遺言作成支援、家族信託等の生前相続対策にも力を入れております。節税の観点だけではなく、遺産相続を通じて家族が幸せとなれるような円満相続をサポートして参ります。

岡本篤典税理士事務所

〒458-0021　愛知県名古屋市緑区滝ノ水5丁目2111　ハーヴェスト滝ノ水201号
TEL：052-898-1595
E-mail：oka-tax-souzoku@outlook.jp　URL：http://www.oka-tax-souzoku.com

---

竹本《たけもと》　能清《よしきよ》

税理士・代表取締役

租税法務学会の他、日本税法学会、名古屋税理士会判例研究会、TKC資産対策研究会等に参加し、主に租税法理論、判例・裁決事例研究を行ってきたが、近年は、相続税対策などの資産税業務に力を入れている。

現在は、不動産オーナー様への法人化対策はじめ、老後対策、認知症対策としての信託を活用した解決策を提案しております。

竹本能清税理士事務所／株式会社名東資産コンサルティング

〒465-0031　愛知県名古屋市名東区富が丘247-1
TEL：052-777-3336　FAX：052-777-3339
E-mail：takemoto-yosikiyo@tkcnf.or.jp　URL：https://takemoto-yosikiyo.tkcnf.com/

髙村《たかむら》　宗司《もとし》

税理士

中部地方で相続や事業承継を専門に行っており、弁護士や司法書士などの他士業、保険会社と連携しております。

合併や会社分割、持株会社設立など組織再編を使った事業承継対策、信託を使った相続対策など特殊な業務にも対応が可能です。

まずは無料相談にお越しいただければと思います。

髙村税理士事務所

〒510-0235　三重県鈴鹿市南江島町23-10
TEL：059-387-5150　FAX：059-387-5450
E-mail：info@tkm-tax.com　URL：https://tkm-tax.com/

河村《かわむら》　好夫《よしお》

税理士・CFP®

平成元年　河村会計事務所を開業
相続前後のお手伝いを通して、これからの毎日を安心して過ごしていただくために努力をいたします。そのために弁護士、司法書士、社会保険労務士等の専門家と連携して相続に関わる全ての問題をサポートいたします。「これからいったい何をしたらいいの？」そんな悩みを抱える方をお手伝いさせていただきます。特に医療法人の事業承継・医師の相続対策を多数手がけています。

河村会計事務所

〒540-0026　大阪府大阪市中央区内本町1-1-1　OCTビル3F
TEL：06-6941-8711　FAX：06-6941-8712
E-mail：info@fpn.jp　URL：http://www.fpn.jp/outline.html

北御門《きたみかど》　孝《たかし》

税理士・行政書士

平成8年2月税理士登録、平成10年11月に独立開業。
「ウィルサポーティングシステム」主宰
【相続・遺言・家族信託】財産の管理・次世代への承継を、「家族・親族間のトラブル」を避けて、円満におこなっていただきます。お一人お一人の声に耳を傾け、「ウィル」＝意思（おもい）に共感し、当事者に寄り添って実現のお手伝いをします。

北御門孝税理士行政書士事務所

〒650-0001　兵庫県神戸市中央区加納町3-11-13松屋北野ビル
TEL：0120-965-977　FAX：078-230-6551
E-mail：info@kitamikado.jp　URL：https://www.northgate.jp/sozoku

---

北畑《きたばた》　米嗣《よねつぐ》

所長・税理士

平成元年税理士登録、同年事務所開設。以来、「社長と共に未来を語り未来を創る」を事務所のミッションに掲げ「常に中小企業の社長に寄り添う」をモットーに、皆様の悩み相談、課題解決に取り組んでいます。家族信託は、高齢化社会に欠かせない相続対策です。一人で悩まずに、お気軽にご相談ください。初回相談料は無料です。

北畑会計事務所

〒640-8211　和歌山県和歌山市西布経丁2丁目5-1
TEL：073-433-0774　FAX：073-433-1187
E-mail：kitabata@kitabata.jp　URL：http://www.kitabata.jp

辻本《つじもと》　聡《さとし》

代表取締役・税理士・ファイナンシャルプランナー

当社は、お客様の希望（未来）を現実化するお手伝いを行っております。具体的には、【事業計画】・【事業承継計画】・【相続資産承継計画】を作成して、現状の視える化からお客様が希望の実現に向かうお手伝いをしております。

トリプルスマイル株式会社（辻本聡税理士事務所グループ）

〒810-0001　福岡県福岡市中央区天神1-2-4 農業共済ビル4階
TEL：092-406-8077　FAX：092-406-8079
E-mail：info.tsujimoto@snow.ocn.ne.jp　URL：http://tax-tsujimoto.com/

【監修者】

司法書士法人チェスター

相続手続きを専門に取り扱う司法書士法人。相続登記(不動産の名義変更)、口座解約をはじめ、家庭裁判所の各種手続き(検認申立、相続放棄など)も行っている。
また、遺言執行報酬を算定する際に不動産の価格を除外する画期的な料金体系を採用し、地主やマンションオーナーの立場に立ったやさしい料金でサービスを提供している。

チェスター司法書士事務所大阪

家族信託、任意後見などの「相続対策業務」や、遺産整理、遺言執行手続などの「相続手続業務」を中心に取り扱う司法書士事務所。
依頼者のニーズに沿ったきめ細やかな法務サービスの提供をモットーにしており、最近では、「気軽に家族信託を導入したい」という顧客様の声に応えるべく、「低コストかつコンパクトな家族信託」の設計・提案にも取り組んでいる。

【共同監修者】

円満相続を応援する士業の会

遺産相続は、場合によっては親族間での遺産争いになることがあり、「争続(争族)」などと揶揄されることがあるほどトラブルの生じやすい問題でもあります。そのような問題をはじめ、いろいろな悩み事の解決を総合的に行っている事務所です。遺言や贈与、信託はもちろんのこと、円満な相続を行っていただく為のお手伝いをします。

【著者】

株式会社エッサム

昭和38年(1963年)の創業以来、一貫して会計事務所及び企業の合理化の手段を提供する事業展開を続けております。社是である「信頼」を目に見える形の商品・サービスにし、お客様の業務向上に役立てていただくことで、社会の繁栄に貢献します。

編集協力／野村佳代(アスラン編集スタジオ)
本文デザイン・DTP／伊延あづさ・佐藤純(アスラン編集スタジオ)
本文イラスト／吉村堂(アスラン編集スタジオ)

本書に記載の内容は２０２０年5月末時点の情報を基にしております。
その後、変更になる場合もございますので、あらかじめご了承ください。

図解《ずかい》でわかる
家族信託《かぞくしんたく》を使《つか》った相続対策超入門《そうぞくたいさくちょうにゅうもん》

〈検印省略〉

2020年 7 月 26 日 第 1 刷発行

監 修 者——司法書士法人チェスター／チェスター司法書士事務所大阪
共同監修者——円満相続を応援する士業の会
著　　者——株式会社エッサム
発 行 者——佐藤和夫

発行所——株式会社あさ出版
〒171-0022 東京都豊島区南池袋 2-9-9 第一池袋ホワイトビル 6F
電　話 03 (3983) 3225 (販売)
03 (3983) 3227 (編集)
F A X 03 (3983) 3226
U R L http://www.asa21.com/
E-mail info@asa21.com
振　替 00160-1-720619
印刷・製本 (株) シナノ

facebook http://www.facebook.com/asapublishing
twitter http://twitter.com/asapublishing

ISBN978-4-86667-223-6 C2034